ISBN: 0-9821196-1-5
ISBN 13: 978-0-982119€

You can visit us online at:

www.GrowingWithGrammar.com

Printed in the United States of America.

Ver. 2.0.0-7

D'amorcer et de rembobiner le film très lentement...

afin de ne pas produire de l'électricité statique qui, en se déchargeant, risquerait d'engendrer des étincelles qui impressionneraient votre film.

Que pour changer de film au milieu d'un rouleau il faut agir comme si le film était fini.

Pour commencer, il faut prendre en note le numéro du cliché qui est en face de la fenêtre d'exposition, en regardant à travers le hublot ou en consultant le compte-pose. Dans le cas d'un appareil 24 X 36, on appuie sur le bouton de débrayage des griffes (généralement situé sous le boîtier) et, en actionnant la molette ou la manivelle ad hoc, on rembobine *lentement* la pellicule jusqu'à ce que l'on sente que l'amorce vient de se détacher du tambour d'enroulement. Arrêtez-vous alors, ouvrez (bravement!) le dos de l'appareil et inscrivez sur l'amorce ou directement sur la cassette le numéro du cliché que vous aviez noté précédemment. Cette indication doit être claire et bien visible, si vous ne voulez pas vous retrouver en train de pratiquer involontairement la double exposition... Retirez la cassette de l'appareil et mettez-y le nouveau rouleau en suivant la procédure habituelle. Pour remettre dans un appareil un film en rouleau déjà partiellement exposé, il faut l'insérer et l'amorcer en procédant comme on le fait avec un film vierge. On met ensuite le bouchon d'objectif en place et on fait avancer le film jusqu'à deux ou trois poses plus loin que celle dont on avait antérieurement noté le numéro, ce qui assure de ne pas exposer deux fois le même cliché.

Qu'il ne faut pas désespérer...

si vous avez par ailleurs laissé entrer le bout de l'amorce d'un rouleau de film 35 mm à l'intérieur de sa cassette, car il existe un petit instrument spécialement conçu pour la récupérer.

De toujours remettre le bouchon de l'objectif en place lorsque vous rangez votre appareil.

Assurez-vous que l'obturateur est déclenché, afin que la tension sur les ressorts et le mécanisme soit relâchée. Si vous pensez ne pas utiliser l'appareil pendant un certain temps, retirez-en les piles et, bien sûr, remettez-le dans son étui.

De ne pas laisser traîner et, à plus forte raison, de ne pas ranger votre appareil ou vos films dans des endroits très chauds.

Rappelez-vous que la température peut devenir extrêmement élevée dans des espaces clos de dimensions restreintes que le soleil frappe directement de ses rayons, et cela même en plein hiver. Les coffres et les compartiments à gants des automobiles sont à cet égard particulièrement dangereux. Il faut aussi se méfier des tablettes de pare-brise et de la lunette arrière. **L'intérieur d'une auto est une serre chaude; l'appareil et les pellicules seront plus au frais et hors de vue dans le coffre arrière.**

La prise de vues sans problème, à la manière des «pros»!

La première précaution à prendre pour assurer le succès de ses prises de vues est de se familiariser avec le maniement et le comportement de son appareil. Pour cela, rien ne vaut la pratique. Chaque fois que l'on fait l'acquisition d'un nouvel appareil-photo, il est essentiel de prendre un certain nombre de rouleaux tests, qui permettront, par essais et erreurs, d'apprendre à «dompter» le nouvel arrivant. Et signalons qu'ici le temps n'est pas à lésiner sur la pellicule. Mieux vaut faire ses gaffes dans des conditions où cela ne porte pas à conséquence, même si cela coûte un peu de pellicule, que de gâcher de beaux souvenirs ou rater une séance de pose importante par manque d'expérience et de connaissance des possibilités réelles de son appareil.

Les petits secrets

Une fois que l'on maîtrise pour l'essentiel le maniement de son appareil, on peut commencer à «mitrailler» sérieusement le paysage et les gens qui l'habitent. Voici quelques trucs-précautions élémentaires capables de vous éviter bien des déboires:

☐ Même si le cadre de la majorité des images photographiques est un rectangle dont le grand côté est à l'horizontale et que la plupart des appareils-photo sont construits de telle façon qu'ils nous incitent à les tenir dans un sens où leur cadre se présente dans ce sens, tout cela ne signifie pas que le rectangle horizontal est le «bon» cadrage ou qu'il possède des vertus esthétiques spéciales. Il est par conséquent important de se demander si la scène que l'on s'apprête à photographier ne gagnerait pas à être cadrée verticalement. Les portraits et les images renfermant des sujets en hauteur, notamment, voient souvent ainsi leur impact augmenter considérablement.

☐ Si vous tenez à vos objectifs et à la clarté de vos photos, vous aurez avantage à vous procurer un pare-soleil, de préférence en caoutchouc, et à le laisser en permanence sur l'appareil. Il absorbera une bonne part des chocs que pourrait recevoir l'objectif et empêchera les rayons lumineux parasites de frapper la lentille et de brouiller vos photos ou d'en diminuer le contraste. Il lui servira, dans un autre ordre d'idées, de parapluie et d'abri contre la neige et autres substances volantes non identifiées. Enfin, si par hasard vous avez oublié de le monter sur votre objectif et que son absence se fait tout à coup cruellement sentir, n'hésitez pas à ombrager votre lentille avec votre main, en prenant garde cependant que vos doigts n'entrent pas dans le champ visé.

☐ Même si c'est ce qu'on vous a toujours dit, se placer pour prendre une photo de manière à avoir le soleil dans le dos est loin d'être la seule et surtout la meilleure solution pour toutes vos prises de vues. Il faut à chaque fois se demander si un changement d'orientation de la lumière qui frappe un sujet ne le mettrait pas mieux en valeur. Vous vous apercevrez ainsi que l'éclairage rasant ou latéral, ou encore le contre-jour, donne souvent un bien meilleur modelé aux images.

☐ Quand vous prenez des photos en tenant l'appareil à la main, prenez l'habitude de le régler à la vitesse d'obturation la plus rapide qu'il est possible d'employer dans les conditions d'éclairage du moment, afin de réduire vos chances de faire bouger involontairement l'appareil pendant le temps de l'exposition.

☐ Pour choisir le temps de pose, une vieille pratique encore reconnue veut que celui-ci soit égal à la longueur focale de l'objectif utilisé. Par exemple, quand on se sert d'un objectif 500 mm, on expose 1 / 500 de seconde; dans le cas d'un 135 mm, on le fait à 1 / 200 de seconde et dans celui d'un 35 mm, on passe à 1 / 60 de seconde. Les conditions particulières à chaque prise de vue sont évidemment susceptibles de modifier sensiblement ces données mais ceci demeure la règle de base. Évitez en tout cas et à tout prix, comme la peste, le 1 / 30 de seconde quand vous utilisez un objectif dont la longueur focale est supérieure à 100 mm.

☐ Quand le temps de pose est égal ou plus long que 1 / 30 de seconde, mettez l'appareil sur trépied (voir page 103). Si vous n'en avez pas à votre disposition, appuyez-vous au moins à un meuble, au cadre d'une porte ou à tout autre support convenable et bien stable. Lorsque la chose est possible, il vaut encore mieux déposer l'appareil sur une table, le rebord d'un parapet, un rocher, etc., et le laisser se déclencher tout seul en utilisant le retardateur d'exposition, ou, si possible et de préférence, un déclencheur souple.

☐ Pour faire de longues expositions, alignez le guidon de la molette de sélection des temps de pose avec le « B » ou le « T ». Mettez le déclencheur souple en place et tenez-le dans la main droite. De la main gauche, prenez un morceau de carton de bonnes dimensions (20 x 30 cm) et cachez la lentille avant de l'objectif, sans toutefois toucher celui-ci. Ensuite, déclenchez, maintenez l'obturateur ouvert, enlevez le carton et commencez à compter les secondes. À la fin de l'exposition, remettez le carton à sa position initiale en prenant toujours garde de ne pas toucher l'objectif et laissez l'obturateur se refermer.

Comment tenir son appareil

Savez-vous que l'une des principales causes de rejet des photographies que prennent autant les professionnels que les amateurs est tout simplement le bougé, cette espèce de flou non artistique provoqué par un mouvement involontaire de l'appareil au moment du déclenchement ? Le problème est pourtant facile à éviter si l'on apprend à tenir convenablement son appareil. Les secrets qui permettent aux professionnels d'éviter ce genre de difficultés tiennent à bien peu de chose.

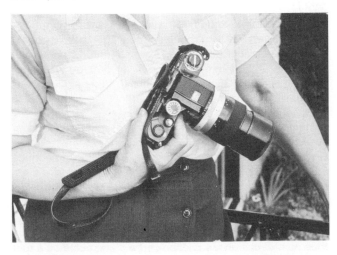

Au départ, il faut s'assurer que la courroie est bien tournée autour du poignet, pour éviter de laisser échapper l'appareil, ce qui, accessoirement, enlève déjà un sujet de préoccupation, donc de nervosité. Il faut cependant prendre garde qu'elle n'apparaisse pas devant l'objectif au moment de la prise de vue.

Les *deux mains* doivent supporter et tenir fermement l'appareil, qui peut aussi venir s'appuyer légèrement sur le visage.

L'index de la main droite sert à manipuler le bouton du déclencheur. Il est donc essentiel qu'il demeure toujours libre et détendu, tout comme le pouce et l'index de la main gauche, qui, eux, manoeuvrent les bagues de mise au point.

Pour travailler sans support à des vitesses d'obturateur inférieures à 1/4 ou 1/2 seconde, situation très délicate, il est préférable d'inverser l'appareil et d'en appuyer le boîtier sur son front, le viseur se trouvant alors en bas et la base du boîtier en haut.

Comme les contrôles s'inverseront eux aussi, il peut être plus simple de procéder à la mise au point en gardant l'appareil dans le bon sens et de ne le renverser qu'au moment du déclenchement. Si l'on craint de manquer encore de stabilité, on peut penser à appuyer sa tête contre un mur ou un autre support bien assis sur notre bonne vieille terre.

Il faut éviter le plus possible les vitesses d'obturation lentes (1 / 60 ou 1 / 30 de seconde), qui augmentent les chances de bouger pendant que l'obturateur est ouvert et ne peuvent qu'accentuer les effets de tout mouvement intempestif de l'appareil. Il est préférable de prendre un peu de profondeur de champ en travaillant à grande ouverture et à vitesse lente... que d'en voir tout l'avantage gâché parce que l'appareil a bougé en cours d'exposition.

La position du reste du corps a également son importance. Elle dépend, dans une bonne mesure, des conditions particulières à chaque prise de vue. Il n'existe donc pas *une* position pour prendre des photos. Ici comme ailleurs, il faut se servir de son imagination et faire preuve de souplesse intellectuelle (et physique!) pour découvrir la pose qui permettra de travailler avec confort, et surtout, *stabilité*. Une chose est certaine, cependant : la position dans laquelle l'équilibre du corps humain est le plus précaire est la pose du militaire à l'attention, les jambes droites et les talons collés ensemble. Mieux vaut opter pour une position qui se rapproche de celle du boxeur ou du pompier tenant un boyau d'incendie, en mettant une jambe devant l'autre, le genou légèrement fléchi et les axes de pieds se coupant à «10 heures». On arrive ainsi à se créer un véritable «trépied anatomique» d'une polyvalence et d'une stabilité remarquables.

Lorsqu'on emploie un téléobjectif puissant, on conseille de mettre le genou droit à terre et d'appuyer le coude gauche sur le genou gauche. Si est forcé de rester debout, il faut ramener le coude gauche sur son torse et l'y appuyer fermement, une jambe toujours en avant. Évitez cependant les contractions musculaires qui tournent à la crispation... et au tremblement, ce qui n'arrangera pas tellement les choses. «Ferme mais détendu», voilà votre devise. Enfin, prendre une bonne inspiration, expirer partiellement et déclencher constitue une assurance anti-flou dont on aurait tort de se priver.

Le trépied, cette béquille indispensable

Il vient toujours un moment où un photographe se voit forcé de prendre une photo à une vitesse d'obturation vraiment lente, c'est-à-dire à des temps de pose de 1 / 30 de seconde ou plus. Dans de telles conditions, quels que soient la fermeté de sa poigne et l'aplomb de ses jambes, il est pratiquement nécessaire de se servir d'un appui

quelconque si on veut éviter de bouger involontairement l'appareil au cours de l'exposition. Un meuble, le cadre d'une porte ou d'une fenêtre, un pilier ou un parapet quelconque peuvent nous fournir un support d'appoint. Pour avoir toutes les chances de son côté, il est préférable d'employer un déclencheur souple ou, mieux, de laisser l'appareil se déclencher par lui-même, en faisant appel au retardateur.

Toutes ces astuces demeurent pourtant des «mesures d'urgence», et si l'on prévoit devoir répéter l'expérience plus ou moins fréquemment, il devient impératif de se procurer un trépied. On a intérêt à faire dès le départ l'acquisition d'un produit de bonne qualité, ce qui ne veut pas nécessairement dire cher, car cet instrument doit servir longtemps. Certains, une fois fermés, sont suffisamment petits pour servir de trépieds de table ou pour réaliser des prises de vues à ras du sol et ils peuvent s'étirer jusqu'à un mètre de haut. La rigidité des pieds télescopiques est de la plus grande importance. Le test consiste à appliquer une pression sur la plaque à laquelle se fixe l'appareil et si ça bouge trop facilement, on en essaie un autre!

Le petit trépied de table, de son côté, est un outil dont les pieds ne peuvent être étirés mais qu'un ingénieux dispositif permet de refermer de façon à ce qu'il soit possible de le glisser dans une poche de veston. C'est dire le peu de

place qu'il occupe dans un sac d'équipement! Il n'y a donc aucune raison de ne pas l'emporter partout avec soi. Il rend de grands services en nous permettant d'appuyer solidement nos appareils au sol, à un mur, à un plafond et même à notre estomac. Dans ce dernier cas, il stabilise suffisamment l'appareil pour nous laisser travailler sans danger à des temps de pose de l'ordre de 1 / 4 de seconde.

Les marchands d'équipement photographique offrent aussi plusieurs modèles à serrage par pas-de-vis (à la manière des serre-joints de menuisier) ou par pince-étau qui

peuvent souvent remplacer le trépied conventionnel, sur-
tout quand l'espace manque. Il suffit d'y monter l'appareil
et de le fixer au bord d'un meuble, à une portière d'auto ou
même à une branche d'arbre (en se méfiant du vent), à la
grille d'un parc, à l'appui d'une fenêtre, etc. Et que dire de
l'unipod, ce «trépied» à une patte cher aux photographes
de sport qui, en plus de stabiliser leurs puissants 300 ou
500 mm, sert souvent «d'extension» à leur bras pour pho-
tographier au-dessus des foules, en déclenchant à l'aide
du retardateur.

La photo d'action : pour saisir et figer tout ce qui va trop vite

Précisons immédiatement que les « arrêts » les plus époustouflants (après ceux de Trétiak) sont réalisés au flash électronique ultrapuissant dans des conditions d'éclairage contrôlées. C'est ainsi que l'on immobilise l'éclaboussure d'une goutte d'eau ou la sortie d'une balle du canon d'un fusil. Si l'amateur moyen ne dispose généralement pas de l'équipement nécessaire à la réalisation de telles performances, il peut néanmoins réussir d'excellentes photos d'action en travaillant à la lumière du jour, à des vitesses d'obturateur rapides.

Le tableau qui suit donne la liste des temps de pose qu'il convient d'employer quand on veut « arrêter » différents types de mouvements. À cet égard, d'une façon générale, il faut considérer trois éléments de base.

Les trois facteurs fondamentaux :

1- La distance entre le sujet et l'appareil.
   Plus le sujet est proche, plus sa vitesse apparente est grande. On doit donc en augmenter d'autant la vitesse de l'obturateur.
2- La direction dans laquelle le sujet se déplace par rapport à l'appareil.
   La vitesse apparente du sujet diminue à mesure que la direction de son déplacement se rapproche de l'axe de prise de vue. Et inversement.

3- La longueur focale de l'objectif.

Quand on se sert d'un grand angle (24 ou 28 mm), on peut se permettre d'augmenter le temps de pose d'un cran (passer de 1 / 500 à 1 / 250 de seconde) par rapport aux données du tableau. L'emploi d'un objectif 135, 250 ou 400 mm oblige au contraire à doubler la vitesse d'obturateur inscrite dans le tableau pour chaque genre de phénomène.

Temps de pose à utiliser pour photographier des sujets en mouvement

Vitesses d'obturation suggérées

DIVERS SUJETS EN MOUVE- MENT	DISTANCE SUJET- APPAREIL	DIRECTION DU SUJET PAR RAPPORT À L'APPAREIL		
		↑ ↓	↗ ↙	← →
👣	15 pi (4,5 m) 50 pi (15,2 m) 150 pi (45,7 m)	1 / 125 sec. 1 / 60 " 1 / 30 "	1 / 125 sec. 1 / 60 " 1 / 30 "	1 / 250 sec. 1 / 125 " 1 / 60 "
🏃	15 pi (4,5 m) 50 pi (15,2 m) 150 pi (45,7 m)	1 / 125 sec. 1 / 60 " 1 / 30 "	1 / 250 sec. 1 / 125 " 1 / 60 "	1 / 500 sec. 1 / 250 " 1 / 125 "
🚲	15 pi (4,5 m) 50 pi (15,2 m) 150 pi (45,7 m)	1 / 125 sec. 1 / 60 " 1 / 30 "	1 / 250 sec. 1 / 125 " 1 / 60 "	1 / 500 sec. 1 / 250 " 1 / 125 "
🚤	15 pi (4,5 m) 50 pi (15,2 m) 150 pi (45,7 m)	1 / 250 sec. 1 / 125 " 1 / 60 "	1 / 500 sec. 1 / 250 " 1 / 125 "	1 / 1000 sec. 1 / 500 " 1 / 250 "
🚗	15 pi (4,5 m) 50 pi (15,2 m) 150 pi (45,7 m)	1 / 500 sec. 1 / 250 " 1 / 125 "	1 / 1000 sec. 1 / 500 " 1 / 250 "	1 / 1000 sec. 1 / 1000 " 1 / 500 "

● *Plus le sujet est près de l'appareil, plus il semble se déplacer rapidement: au contraire, un avion filant à 500 milles à l'heure paraît immobile lorsqu'il est très loin du photographe.*

Le «filé»: pour mieux rendre le mouvement

Essayez une bonne fois de suivre des yeux une personne ou un objet qui se déplace. Vous remarquerez alors que si vous avez une perception claire de votre sujet, vous avez une vue passablement floue de son «fond de scène», ce qui est normal puisque votre regard «glisse» sur lui pour accompagner votre centre d'intérêt. Ce phénomène, il est assez simple de le rendre sur pellicule pour donner à ses photos une atmosphère plus proche de la réalité. Car, voyez-vous, rien ne ressemble moins à une scène de course automobile que la photo d'une voiture «immobilisée» dans un décor qu'elle traverserait pourtant à 200 kilomètres à l'heure!

Pour réussir ce petit tour de passe-passe, il faut opérer en mode manuel ou avec un appareil automatique dont la priorité est à l'obturateur. Ensuite, on règle l'obturateur à une vitesse lente (1 / 15, 1 / 30 ou 1 / 60 de seconde). On procède alors comme le font tous les cameramen: on suit son sujet dans le viseur et on déclenche en cours de mouvement. De cette façon, si on ne fait pas de faux mouvement et si les déplacements du sujet et de l'appareil sont correctement synchronisés, on obtient une image claire du centre d'intérêt tandis que l'arrière-plan semble «couler» autour de lui. Les images de ce genre sont évidemment dotées d'un dynamisme éblouissant... quand on les réussit! Pour cela, une seule recette: s'entraîner! En commençant par des sujets plutôt lents pour passer graduellement aux vrais «boulets de canon» dont vous rêvez.

Signalons que l'on devra parfois utiliser des filtres gris neutre pour réaliser des prises de vue de ce type avec des émulsions rapides.

Voir sans être vu...

Tout photographe se trouve un jour ou l'autre dans une situation qui l'oblige à prendre des photos sans que personne, et en particulier son sujet, ne s'aperçoive de son geste. Voici quelques-uns des procédés qui vous permettront d'y arriver.

D'abord et avant tout, préparez votre appareil de façon à réduire au minimum les opérations de réglage et de mise au point à l'instant de la prise de vue: anticipez les conditions d'éclairage et la distance appareil-sujet, sans oublier de tirer parti des ressources de l'hyperfocale (voir en page 71). Utilisez l'équipement le plus discret que vous ayez : pas de flash ni de bruyant moteur d'entraînement, et le moins de chromes possible sur votre boîtier et vos objectifs, quitte à les dissimuler sous du ruban gommé noir mat. Quant à vous, même si vous ne l'êtes pas réellement, essayez d'avoir l'air d'un inoffensif touriste plutôt « lent de la gâchette » et... de la comprenure ! Enfin, si vous le pouvez, employez un appareil non reflex, qui sera sans doute plus silencieux que la grande majorité des appareils reflex mono-objectifs, dont les miroirs produisent un claquement assez sec lorsqu'ils se relèvent et dont les obturateurs à rideau ne sont pas non plus toujours discrets.

Quand la chose est possible, travaillez au téléobjectif, en vous dissimulant derrière un coin de mur, un pilier, un poteau, un arbre ou, simplement, un passant ou un ami (que vous mettrez dans la confidence, pour qu'il ne s'écarte pas de vous au mauvais moment afin de ne pas vous gêner !). S'il faut opérer à découvert, voici trois trucs susceptibles de vous aider.

Le premier, et peut-être le plus efficace, consiste à prendre ses photos sans élever l'appareil à la hauteur de l'oeil. Mettre un appareil devant son visage laisse en effet supposer que l'on est en train de s'en servir et tout le monde, même le dernier des « sauvages » (s'il en reste encore un !) sait faire le rapprochement entre ce geste et une photo. Mais les gens, même très civilisés, ont du mal à imaginer qu'il soit possible de prendre une photo en tenant l'appareil à la hauteur de sa ceinture ou de ses hanches. On y arrive pourtant assez facilement, à condition de s'y être un peu exercé, et surtout, d'avoir appris à bien connaître l'angle de couverture de son objectif et à exploiter les bruits ambiants pour couvrir ceux que produit le déclenchement de l'appareil.

En second lieu, vous pouvez faire la mise au point de votre objectif sur une scène située à une distance égale à celle qui vous sépare de votre sujet mais dans une direction opposée à la sienne, ce qui l'incitera sans doute à regarder vers l'endroit où se trouve ce que vous « voulez » photographier... alors que vous aurez deux ou trois secondes pour revenir à lui et déclencher !

Enfin, essayez de pointer ostensiblement votre téléobjectif vers le ciel, la tête d'un arbre ou le sommet d'un édifice. La curiosité des gens les amènera tous à regarder vers ce même point. Surveillez-les du coin de l'oeil et, quand ils auront « mordu », revenez vivement à eux et tirez !

Et si rien de tout cela ne donne de résultat et que vous êtes repéré à tout instant... résignez-vous à demander la permission!

La macrophotographie : en y regardant de plus près...

Vous avez sans doute remarqué que la plupart des objectifs photographiques ne peuvent être mis au point sur un sujet qui se trouve à moins d'un mètre de l'appareil. Pour prendre une photo d'un objet situé à une distance inférieure à celle-ci, on doit se servir d'un dispositif supplémentaire ou d'un objectif spécialement conçu pour cela. Ces techniques sont celles d'un art appelé macrophotographie. Elles permettent de photographier de très près et même d'obtenir des images sur lesquelles les dimensions des sujets sont égales à leurs dimensions réelles ou plus grandes que nature.

En passant, quand sur une image photographique, les dimensions d'un sujet sont égales à celles qu'il a en réalité, on dit que le rapport de grandissement de l'image est de 1 à 1. Si, par contre, les dimensions d'un objet sur une image sont deux fois plus grandes que celles de l'objet, le rapport est de 2 à 1. Et ainsi de suite.

Les bonnettes d'approche

Les bonnettes d'approche sont des lentilles que l'on fixe à l'avant d'un objectif normal et qui permettent de faire la mise au point, même si l'on se trouve très près du sujet à photographier. On peut les superposer les unes aux autres et leur emploi présente l'avantage de ne nécessiter aucune compensation quant aux coordonnées d'exposition. En superposant plusieurs bonnettes d'approche, il est possible de faire des prises de vues à 2,5 cm du sujet, ce qui permet par exemple d'obtenir une image presque grandeur nature d'une pièce de 25 cents. En passant, quand on se sert de plusieurs bonnettes d'approche, on visse la plus forte en premier sur l'objectif.

Les bagues allonge et le soufflet

Pour éviter de photographier à travers trois ou quatre vitres, il est profitable de se procurer une bague allonge de

Gain obtenu avec différentes bonnettes d'approche

Distance sur objectif	avec + 1	avec + 2	avec + 3	avec + 2 et + 1	avec + 3 et + 1	avec +3 et + 2
Infini	39" (99 cm)	19½" (49,5 cm)	13⅛" (33,3 cm)	9⅞" 25 cm)	7⅞" (19,9 cm)	6⅝" (16,8 cm)
15 pi (4.5 m)	32¼" (81.9 cm)	17¾" (45 cm)	12¼" (31.1 cm)	9⅜ (23,8 cm)	7½" (19 cm)	6⅜" (16,1 cm)
6 pi (1.8 m)	25½" (64.7 cm)	15½" (39.3 cm)	11⅛" (28.2 cm)	8⅜ (21,9 cm)	7⅛" (18 cm)	6" (15,2 cm)
3½ pi (0.76 m)	20⅜" (51.7 cm)	13⅜" (33.9 cm)	10" (25.4 cm)	8" (20,2 cm)	6⅝" (16.8 cm)	5⅝" (14,2 cm)

14 mm, qui produit le même effet qu'une enfilade de bonnettes d'approche, en exigeant cependant une légère augmentation de l'exposition. Les bagues allonge peuvent aussi être superposées mais on suggère habituellement de ne pas en employer plus de deux à la fois si on tient à la précision de son image. Si on a besoin de grandissements plus importants, le soufflet est alors de rigueur car il assure des images grandeur nature qui sont généralement de très bonne qualité. Son système à crémaillère rend d'ailleurs possible des photos dont le rapport de reproduction est supérieur à 1 pour 1... à condition d'avoir tout son temps et un sujet stable car la mise au point et le calcul de l'exposition ne sont pas toujours simples et, habituellement, le temps de pose est long.

L'objectif macro

Pour ceux qui font beaucoup de photos de petits objets, il est pratique de se procurer un objectif macrophotographique, spécialement conçu pour ce genre de travail. Il s'utilise comme un objectif normal, sauf que, grâce à ses composantes particulières, il arrive à produire des images de haute qualité, même quand le sujet est très rapproché. Sa luminosité permet des temps de pose courts. Il constitue donc l'outil idéal pour photographier la flore et la faune de petite taille, et tout spécialement les insectes vivants.

L'exposition

Les posemètres intégrés, qui font leur lecture à travers l'objectif, tiennent par eux-mêmes compte des corrections à apporter à l'exposition en fonction de l'augmentation du tirage produite par l'utilisation des bagues allonge ou des soufflets à crémaillère. Sans posemètre intégré, il faut suivre avec soin les indications (habituellement très claires) que fournissent les fabricants de ces dispositifs.

Aucune augmentation de l'exposition n'est nécessaire quand on se sert de bonnettes d'approche, d'un objectif macro ou d'un objectif zoom macro, dans la mesure, évidemment où ils sont montés directement sur le boîtier de l'appareil-photo.

Supermacrophotographie
Le 135 mm et le 24 mm nez à nez

La macrophotographie est l'art de photographier de petits objets en en donnant une image plus grande que nature. Il existe pour cela des objectifs spéciaux passablement sophistiqués. Mais saviez-vous que le plus grand pouvoir de grossissement imaginable peut être obtenu en mettant tout simplement deux objectifs nez à nez? L'expérience vaut la peine d'être tentée... Montez un objectif 135 mm sur votre appareil et aboutez-y un 24 mm (en les unissant solidement à l'aide d'un bout de ruban gommé quelconque). Vous découvrirez alors que l'image du soufre d'une allumette peut remplir et même déborder le cadre 24 x 36. Les deux objectifs doivent être à pleine ouverture pour la mise au point et *seul* le 24 mm est utilisé pour diaphragmer (le 135 mm reste à pleine ouverture). Pour l'exposition, vous mettez d'abord votre appareil en mode d'opération manuelle et vous choisissez une ouverture qui vous apparaît compatible avec l'éclairage dont vous disposez.

Votre posemètre intégré devrait alors vous indiquer la vitesse qui convient par rapport à la quantité de lumière qui atteindra la pellicule. J'oubliais de vous mentionner que si l'image que vous voyez dans le viseur est *circulaire* au lieu d'être *plein cadre*, il faut *retourner l'ensemble*. Voilà, vous savez tout!

Inversion de l'objectif

Il ne s'agit pas là d'un nouveau principe philosophique mais bien d'un procédé de macrophotographie qui est à la fois simple et économique. Vous savez sans doute que la macrophotographie consiste à photographier de petits objets de façon à en obtenir une image plus grande que nature et que cela se fait d'ordinaire avec des objectifs passablement sophistiqués, tant par leur constitution que par leur prix. Mais vous pouvez vous en tirer à meilleur compte, en vous procurant une bague d'inversion, que vous intercalerez entre le boîtier de votre appareil et, après avoir pris soin d'inverser votre objectif normal. L'incon-

vénient du procédé est qu'il ne vous laissera disposer que d'une très faible profondeur de champ mais, que voulez-vous, rien n'est parfait! L'exposition change également quand l'objectif est inversé, surtout avec un grand angle 24 mm.

Le posemètre intégré des appareils reflex tiendra cependant compte du changement et donnera une lecture juste de la lumière qui atteindra la pellicule; vous devrez évidemment diaphragmer à la main. Si votre appareil n'est pas reflex ou ne possède pas de posemètre intégré, il faudra procéder par essais et erreurs afin d'établir le facteur de prolongation du temps de pose quand vous utiliserez votre bague d'inversion avec vos différents objectifs. Il est par ailleurs impossible d'employer ce dispositif avec des objectifs dont la distance focale est supérieure à 100 mm. Je ne sais pas ce que vous en pensez, mais, pour ma part, si j'apprécie à leur juste valeur les découvertes de la haute technologie, je ne laisse en revanche jamais passer une occasion de me simplifier l'existence. Et je considère que le procédé que je viens de vous décrire est une de ces bonnes occasions.

Pour éviter les «yeux de chats»

Des sujets aux yeux rouges... pourquoi?

Ce problème arrive fréquemment. Il est ennuyeux, mais on peut y remédier facilement dans bien des cas. Pour le corriger, il faut savoir que:

☐ il se produit toujours et uniquement quand la photo a été prise au flash;

☐ au moment de la prise de vue, le sujet se trouvait dans un endroit relativement sombre;

☐ l'iris de l'oeil de la personne ou de l'animal photographié s'est agrandi à cause du manque d'éclairage;

☐ dans la plupart des cas, le sujet regardait en direction de l'appareil-photo;

☐ il survient toujours quand le flash est trop près de l'obturateur de l'appareil et qu'il reçoit la lumière directement dans l'axe de celui-ci.

Cela donne comme résultat des yeux rouges pour des films en couleurs et blancs pour des films en noir et blanc.

Ce qui se passe...

On sait que l'iris de l'oeil s'agrandit lorsque l'éclairage di-

minue et qu'il se referme dans le cas contraire. Dans des conditions normales, l'oeil s'adapte à l'intensité de la lumière (sans qu'on en perçoive aucun changement) et cette réaction s'opère lentement. Quand on utilise un flash, on crée un éclairage instantané et très fort qui atteint le fond de l'oeil, la rétine même, AVANT que l'iris n'ait eu le temps de se fermer sensiblement, donnant à l'oeil cet aspect rougeâtre ou ambre ou tout simplement blanc selon le type de film utilisé. Si l'oeil est plus rapide que le geste, il est moins doué quand il s'agit de s'adapter au flash.

Le remède

Il y a des solutions à ce problème :

☐ Pour l'éviter, assurez-vous que l'éclairage est suffisant. Si c'est possible, installez le sujet près d'une fenêtre. Sinon, faites en sorte qu'il fixe une source lumineuse pendant quelques instants.

☐ Pour plus de précautions, invitez le sujet à ne pas regarder vers l'appareil. Même si la photo est prise de face, les yeux peuvent être dirigés ailleurs.

☐ La solution la plus sûre mais qui n'est pas toujours possible, c'est de retirer le flash et de l'éloigner de l'appareil de quelque 40 ou 50 cm. Si votre appareil-photo est muni d'un flash fixe, vous devrez vous en remettre aux deux premières solutions.

Pour photographier les éclipses, ou quand le soleil a rendez-vous avec la lune

Les mesures de sécurité

Il est extrêmement dangereux de regarder le soleil à l'oeil nu. Il ne faut donc jamais le faire pendant plus d'une se-

FICHE TECHNIQUE APPROXIMATIVE (Photographie d'éclipses)

A S A	Temps de pose et filtre	1		2		3		4	
		P.F.	CIN.	P.F.	CIN.	P.F.	CIN.	P.F.	CIN.
25 32	ISO 25-32 Diaphragme	f/5.6	f/11	f/4.5	f/8	f/4.5	f/2.8	f/4.5	f/1.4
	Filtre N.D.	5.00	5.00	—	—	—	—	—	—
	Temps de pose	1/100	16 I.S.	1/100	16 I.S.	1/10	16 I.S.	1/2	16 I.S.
40 50	ISO 40-50 Diaphragme	f/6.3	f/13	f/5.6	f/11	f/5.6	f/3.5	f/5.6	f/1.9
	Filtre N.D.	5.00	5.00	—	—	—	—	—	—
	Temps de pose	1/100	16 I.S.	1/100	16 I.S.	1/10	16 I.S.	1/2	16 I.S.
64 80	ISO 64-80 Diaphragme	f/8	f/16	f/6.3	f/13	f/6.3	f/4	f/6.3	f/2
	Filtre N.D.	5.00	5.00	—	—	—	—	—	—
	Temps de pose	1/100	16 I.S.	1/100	16 I.S.	1/10	16 I.S.	1/2	16 I.S.
125 160	ISO 125-160 Diaphragme	f/11	f/22	f/8	f/16	f/8	f/4.5	f/8	f/2
	Filtre N.D.	5.00	5.00	—	—	—	—	—	—
	Temps de pose	1/100	16 I.S.	1/100	16 I.S.	1/10	16 I.S.	1/2	16 I.S.
200 250	ISO 200-250 Diaphragme	f/16	f/9.5	f/11	f/22	f/11	f/6.3	f/11	f/2.8
	Filtre N.D.	5.00	6.00	—	—	—	—	—	—
	Temps de pose	1/100	16 I.S.	1/100	16 I.S.	1/10	16 I.S.	1/2	16 I.S.
400 650	ISO 400-650 Diaphragme	f/22	f/11	f/16	f/11	f/16	f/9.5	f/16	f/4
	Filtre N.D.	5.00	6.00	—	1.00	—	—	—	—
	Temps de pose	1/100	16 I.S.	1/100	16 I.S.	1/10	16 I.S.	1/2	16 I.S.
1250	ISO 1250 Diaphragme	f/32	f/18	f/22	f/16	f/22	f/13	f/22	f/5.6
	Filtre N.D.	5.00	6.00	—	1.00	—	—	—	—
	Temps de pose	1/100	16 I.S.	1/100	16 I.S.	1/10	16 I.S.	1/2	16 I.S.

1 = Phase partielle
2 = Totale (prominences)
3 = Totale (couronne int.)
4 = Totale (couronne ext.)

I.S. = Image seconde
P.F. = Photo fixe
CIN. = cinéma

conde... ce qui est nettement insuffisant pour avoir le temps de prendre une photo. Il existe des filtres spéciaux qui permettent de regarder le soleil directement ou à travers un objectif mais ils sont assez difficiles à trouver dans le commerce. Il est beaucoup plus simple d'utiliser une feuille de film de 10 x 13 cm exposée à la lumière du jour et ensuite développée selon la procédure normale. On obtient ainsi un filtre quasi opaque des plus fiables, que l'on place devant l'objectif de son appareil pour effectuer le cadrage et que l'on retire pour prendre la photo. On peut aussi s'en servir pour suivre l'évolution du phénomène, en le mettant devant ses yeux. L'émulsion de cette feuille de film absorbe ou dévie les rayons ultraviolets ou infrarouges qui peuvent sérieusement endommager la vue en très peu de temps. Rappelez-vous, par ailleurs, que les lunettes de soleil, quelle que soit leur qualité, sont absolument inefficaces car elles ne sont pas du tout conçues pour affronter des situations de ce genre.

La prise de vue

Il est essentiel d'opérer à l'aide d'un trépied ou d'un support fixe analogue. Par ailleurs, quand la chose est possible, il vaut mieux prendre des photos de ce genre au téléobjectif.

On obtient les meilleurs résultats en utilisant un film de sensibilité moyenne, de l'ordre de 64 à 125 ISO. Il est également nécessaire d'employer des filtres de densité neutre (généralement étiquetés «ND») afin de réduire la force des rayons lumineux qui atteindront la pellicule. En règle générale, il est préférable d'augmenter le temps de pose plutôt que d'enlever les filtres. Pour établir les coordonnées d'exposition, il faut se servir du tableau de la page de gauche. Les informations qu'il contient sont établies à partir d'une moyenne théorique. Pour être sûr du résultat, la seule chose à faire est sans doute de prendre des clichés «en fourchette» (voir à la page 68).

Pour photographier les images de la télévision — de beaux souvenirs à portée de fauteuil...

Eh oui! Il est possible et facile de photographier les images que vous voyez sur votre récepteur de télévision, et de conserver ainsi des souvenirs des petits et des grands événements de notre temps. Pour que vos images soient le plus clair possible, vous devez:

☐ nettoyer la vitre de l'écran de télévision;

☐ ajuster le contraste de l'image de façon à ce qu'il soit légèrement inférieur à la normale; couper au besoin le circuit du dispositif de réglage automatique de certains appareils;

☐ régler le contrôle de la brillance («Brightness») de manière que l'on voit le maximum de détails dans les zones ombragées de l'image;

☐ si l'appareil est en couleurs et que vous utilisez du film en couleurs, ajuster le poste pour lui faire rendre des teintes qui se rapprochent autant que possible de la réalité;

SUGGESTIONS de coordonnées des prises de vues de l'écran de TÉLÉVISION					
		Télévision couleurs		Télévision noir-blanc	
FILMS	ISO	Obt. central	Obt. à rideau	Obt. central	Obt. à rideau
Agfachrome Kodachrome Ektachrome	64 64 64	⅛ de sec. à F/2.8 ou ¹⁄₁₅ de sec. à F/2	⅛ de sec. à F/2.8	¹⁄₁₅ de sec. à F/2	⅛ de sec. à F/2.8
Agfa Pan Ilford Pan FF4 Plus-X Pan Verichrome Pan Kodacolor II Kodak Vericolor II Agfachrome Fujichrome Kodacolor VR-100	100 125 125 125 100 100 100 100 100	¹⁄₃₀ de sec. à F/2.8	⅛ de sec. à F/5.6	¹⁄₃₀ de sec. à F/4	⅛ de sec. à F/8
Kodak Ektach. 200 Kodacolor VR-200	200 200	¹⁄₃₀ de sec. à F/4	⅛ de sec. à F/8	¹⁄₃₀ de sec. à F/4	⅛ de sec. à F/8
Agfapan Kodacolor VR-400 Ilford Pan HP5 Kodak Pan Tri-X Ilford Pan XP-1	400 400 400 400 400	¹⁄₃₀ de sec. à F/5.6	⅛ de sec. à F/11	¹⁄₃₀ de sec. à F/5.6	⅛ de sec. à F/11
Kodacolor VR-1000 Royal-X Pan	1000 1250	¹⁄₃₀ de sec. entre F/8 et F/11	⅛ de sec. entre F/16 et F/22	¹⁄₃₀ de sec. entre F/18 et F/11	⅛ de sec. entre F/16 et F/22

☐ *ne jamais utiliser de flash* : cela fait disparaître complètement l'image produite par la télévision ;

☐ fermer toutes les lumières de la pièce et tirer les rideaux. S'assurer qu'aucun objet clair ou brillant ne se reflète sur la surface de l'écran ; se méfier du bout de sa cigarette ! ;

☐ braquer l'appareil directement dans l'axe de l'écran ; éliminer le meuble et ne cadrer que l'image ;

☐ opérer en mode manuel, à moins que votre appareil automatique ne donne priorité à la vitesse ;

☐ n'utiliser ces images que pour vos besoins personnels et privés ; tout usage public, commercial ou non, de telles photos risque d'entraîner pour leur auteur des sanctions sévères.

Pour établir les coordonnées d'exposition, il suffit de consulter le tableau ci-dessus. Tenez cependant compte des *quatre* points suivants :

1- Si votre appareil est doté d'un posemètre intégré, sa lecture sera sans doute conforme à la réalité mais, pour être sûr du résultat, faites des prises de vues en fourchette (voir page 68).

2- Lorsqu'on se sert d'un appareil à obturateur à rideau, il ne faut jamais exposer le film à un temps de pose plus rapide que 1/8 de seconde. À 1/15 de seconde, une barre en diagonale commence à apparaître.

3- Dans le cas d'un appareil à obturateur iris, la vitesse idéale à utiliser est le 1/30 de seconde.

4- Quand on emploie un film «chrome» de type «lumière du jour», il est préférable de l'exposer à travers un filtre de correction CC40R, qui améliorera le rendu des rouges. Autrement, ses images présenteront une légère dominante bleu-vert. Aucun filtre n'est nécessaire pour les films en noir et blanc (se terminant par «PAN»), ni pour les films «color» 100, 200, 400 ou 1 000 ISO.

Pour copier des documents

Les procédés de reproduction

Quiconque possède un bon appareil 35 mm reflex peut s'adonner à la copie de documents. Il suffit d'avoir une ou deux bonnettes d'approche (qui permettent de se rapprocher suffisamment du sujet), un bon trépied et deux lampes d'égale puissance. La technique d'opération est très simple en soi puisqu'il s'agit de déposer le document (photo, texte, etc.) sur une table, de le fixer au mur ou encore (si on est très pressé) de l'apporter tout simplement à l'extérieur, de le déposer par terre et de le photographier sans autre éclairage que la lumière du jour.

Dans tous les cas, il faut s'assurer qu'on ne projette pas d'ombre sur le document et que celui-ci est bien stable.

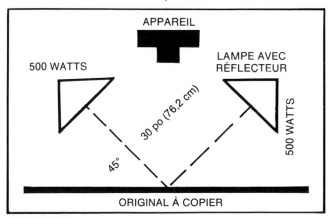

APPAREIL

500 WATTS

LAMPE AVEC RÉFLECTEUR

30 po (76,2 cm)

500 WATTS

45°

ORIGINAL À COPIER

La carte grise

Pour ne pas gaspiller de film et obtenir une exposition parfaite à tout coup, il est recommandé d'utiliser la carte grise qui réfléchit 18 % de la lumière. Cette dernière est maintenue à plat sur le document pendant qu'on fait une lecture avec le posemètre intégré de l'appareil ou un posemètre manuel à lumière réfléchie. Une fois le temps de pose établi, il faut l'afficher sur l'appareil avant d'enlever la carte grise et procéder à la prise de vue. L'usage d'un posemètre à lumière incidente donne aussi d'excellents résultats. Il doit être déposé à plat comme la carte grise. Si on doit procéder en automatique faute de mode manuel, on aura intérêt à prendre une fourchette de prises de vues du document. Par exemple, une pose au ISO réel du film 100 ISO, une autre à 50 ISO et une troisième à 200 ISO. Il en va de même si on n'utilise pas de carte grise. On devrait privilégier une ouverture de f/8 ou f/5.6 et se souvenir que la profondeur de champ sur une surface plane est essentielle.

Le film

La copie de documents requiert l'utilisation d'une émulsion lente comme le film PLUS-X de Kodak (125 ISO) qui, en plus de donner un grain fin, permet un certain contraste. On a donc intérêt à développer le film dans un révélateur dit à grain fin tel le Microdol. Une notion très importante à retenir, au chapitre de la photocopie, est que le document que l'on reproduit comporte déjà une trame de

grain et qu'en le rephotographiant on introduit une deuxiè-me trame de grain avec la nouvelle pellicule (de là l'ex-pression «deuxième génération». Pour minimiser cet in-convénient, il est donc important que cette copie ou duplicata soit réalisée avec un film à grain fin.

L'installation

À partir de l'installation illustrée à la page 124, où les lam-pes (3 400° K ou 3 200° K selon l'émulsion tungstène utili-sée) sont situées à environ 75 à 90 cm de l'image à repro-duire, vous pouvez, à défaut de posemètre, calculer le temps de pose de la façon suivante: à f/16, avec par exemple un ISO de 125, vous ajoutez le numérateur 4, ce qui donne 4/125 ou 1/30 de seconde. Cette formule, quoique légèrement approximative, s'applique dans le cas de toutes les émulsions. Ainsi, le temps de pose pour un 400 ISO est de 1/100 de seconde, toujours à f/16 (4/400 égalant 1/100). Cette combinaison de base peut bien sûr être modifiée, passer de 1/100 à f/16 à 1/200 à f/11, 1/400 à f/8, etc.

La diapo... et son double

Les machines à dupliquer

La duplication peut être une technique très complexe. À un niveau de raffinement élevé, seule la NASA possède les techniciens, les appareils, les optiques et les films ca-pables de réaliser des duplicata somme toute identiques aux documents de base. Vous avez vu les photos de la lune... Dans bien des cas, il s'agissait de la troisième ou quatrième génération de duplicata. Mais quelle clarté! Quelle précision! Pour nous qui voulons reproduire des diapos couleurs, il existe, parmi d'autres, deux types d'ou-tils particulièrement bien adaptés: le duplicateur à soufflet et le duplicateur fixe rigide (voir photo). Ces appareils japonais sont disponibles en plusieurs versions. Les deux se règlent pour donner un rapport de grossissement de 1:1. Le premier est ajustable et permet des rapports plus variés; le second ne dépasse pas le rapport 1:2.5. Ce der-nier possède son propre objectif et s'installe sur l'appareil à la manière d'un objectif. Les deux types de duplicateurs sont munis à l'avant d'un système de pince, qui permet de glisser la diapositive, ainsi qu'un diffuseur de lumière.

Les films

Tous les films ne peuvent convenir à la duplication à cause des difficultés d'ajustement des contrastes et des couleurs. Jusqu'à maintenant, le seul film spécialement conçu pour la duplication et les appareils 24 x 36 est l'Ektachrome Slide Duplicating 5071 de Kodak (traitement E6). Les Kodachrome 25 et 64 ISO sont aussi des choix non négligeables.

L'éclairage

La source de lumière idéale est la lumière artificielle de 3 200° K. Le 5071 est équilibré pour ce type d'éclairage.

Pour tout éclairage, sauf celui au flash électronique, on peut faire confiance à son posemètre intégré à condition de l'ajuster convenablement (voir le livret d'instructions). Pour un éclairage au flash électronique, il convient de procéder par essais en plaçant ce dernier à environ 30 à 40 cm (12 à 16 po) de la diapositive, faisant une exposition à chaque cran et demi-cran et choisissant finalement la densité qui correspond le mieux à l'original, après avoir pris note des données: vitesse d'obturation, diaphragme, distance flash-diapo, lumière, etc. Ne pas oublier que pour le flash électronique, la synchronisation doit être faite sur une vitesse d'obturation précise. Par contre, la vitesse d'obturation pour la lumière artificielle (lampe) ou la lumière du jour peut être très lente et ne nuire en rien à la qualité (netteté) de la photo, et cela même si on bouge l'appareil. Pourquoi? Parce que l'appareil et la diapositive, dans l'adaptateur à copie, font bloc. En général, il suffit de pointer l'appareil vers un mur blanc et laisser l'automatisme de l'appareil faire le reste.

Surimpression ou sur-impression
... appliquée aux paysages

Une seule image, deux prises de vue

Il s'agit d'une technique semblable à celle décrite précédemment, sauf que la scène est *toujours la même*. L'opérateur essaie de photographier *deux plans de cette scène*, ou encore de faire *deux mises au point différentes*. Pour obtenir de bons résultats, il faut s'assurer que l'appareil est *parfaitement stable* et procéder à la modification des paramètres (qui nécessitent de toucher à l'appareil) avec une délicatesse extrême. Il est préférable d'utiliser un déclencheur souple ou, mieux, d'employer un retardateur (qui évite tout contact avec l'appareil). Il s'agit là d'un usage que nous sommes en train d'oublier. Il a pourtant fait la gloire de bien des photographes de la Belle Époque et des Années Folles... Le rétro étant à la mode, pourquoi ne pas vous y mettre vous aussi? C'est très facile. Commencez par installer votre appareil sur un trépied *stable*. Cadrez une scène quelconque, à l'infini, et établissez le temps de pose normal, par exemple 1/250 de seconde à f/16 (film 200 ISO). Diminuez ensuite ce temps de pose de 1/3 de cran: 1/250 de seconde entre f/16 et f/22. Déclenchez et réarmez *sans faire avancer le film*. Gardez le même cadrage, mais faites une nouvelle mise au point, cette fois tout près de l'appareil (sur des fleurs, des flocons de neige ou même des gouttes de pluie) et déclenchez à nouveau.

Si vous avez un appareil automatique, ne vous préoccupez pas des temps de pose mais réglez la molette des indices de sensibilité à 250 ISO pour faire la première exposition et à 260 ISO pour la seconde, si votre film est un 200 ISO. Quand vous achèterez votre prochain film, le vendeur pourra vous donner les valeurs équivalentes pour les autres indices de sensibilité. Vous serez surpris des résultats que vous obtiendrez grâce à cette méthode, surtout si vous pouvez réaliser votre deuxième pose à grande ouverture. Les deux plans, un au foyer et l'autre hors foyer, se superposeront et se confondront légèrement, vous donnant ainsi un «flou artistique» du plus bel effet.

Un orme du Québec sur la plàge en Martinique... bizarre! Il s'agit de la mise en sandwich de deux diapos sous un même cache.

8

Conseils

Ne jetez pas vos petites cassettes de film

Usage primordial

Tous les films 35 mm sont vendus dans une petite cassette noire ou grise, selon le fabricant. Généralement, on en dispose allégrement, en la jetant tout simplement au panier. Mais savez-vous qu'elle peut avoir d'autres usages que celui qu'on lui connaît: protéger la pellicule contre l'humidité, la lumière, l'eau, le sable, etc. De plus, cette petite cassette flotte et préserve très bien vos films déjà exposés. Ils devraient d'ailleurs y demeurer jusqu'au laboratoire de finition.

Autres usages

Si vous développez vos films vous-même, ces petits contenants pourraient vous servir de bien des façons. Saviez-vous que le révélateur se congèle? Si vous n'utilisez qu'occasionnellement un certain type de révélateur, vous auriez avantage à verser la solution dans ces cassettes d'une capacité d'une once et à les mettre au congélateur. Quand vous en aurez besoin plus tard, il vous suffira de placer dans l'eau chaude le nombre d'unités nécessaires. Les boîtes de film 35 mm en noir et blanc contiennent exactement une once liquide. Dois-je préciser qu'une fois le révélateur congelé, vous pouvez le retirer des cassettes et garder les portions dans un sac de plastique, exactement comme on le fait avec les cubes de glace en prévision d'une réception? Évitez cependant de servir à vos invités un cocktail de Perceptol !

Ces merveilleuses cassettes peuvent aussi servir à :

☐ protéger certaines surfaces de plancher des égratignures causées par les pattes de trépied ;

☐ conserver intacts de petits objets délicats qui, sans étui, risquent d'être abîmés dans votre sac d'accessoires ;

☐ garder trois piles «bâtonnets» de 1,5 V ;

☐ «emprisonner» le cordon d'extension de votre flash toujours emmêlé avec d'autres accessoires ;

☐ garder à portée de la main quelques grammes d'«herbe merveilleuse» ou, pourquoi pas, une once ou deux de scotch (tout cela pour un usage médical, évidemment !) ;

☐ créer une foule de petits incidents cocasses si, par malheur, vous avez oublié de bien identifier chacun des contenants !

Une lentille étincelante

Un courant d'air sur vos lentilles

Notre pays ayant le climat que l'on sait, nous utilisons tous, un jour ou l'autre, un quelconque décongestionnant nasal. Rassurez-vous, je ne suis pas là pour mousser la publicité des compagnies pharmaceutiques. Je ne vous donnerai pas non plus de conseils sur les soins de santé, ni de remède miracle contre le rhume (ou les conditions atmosphériques qui les favorisent). Je veux simplement vous rappeler que ces produits sont habituellement vendus dans des petites bouteilles de polyéthylène flexibles dont le matériau et le format réduit en font des candidats parfaits au recyclage dans le domaine de la photo.

Après les avoir lavés, rincés et séchés, ces contenants peuvent connaître une seconde vie comme poires... ou disons soufflets. Ils vous serviront ainsi à débarrasser vos lentilles des poussières qui s'y sont déposées. Il vous suffit, pour rendre vos vaporisateurs efficaces, de retirer le petit boyau qui s'y trouve et d'agrandir légèrement l'orifice. N'oubliez pas cependant d'avoir recours au préalable

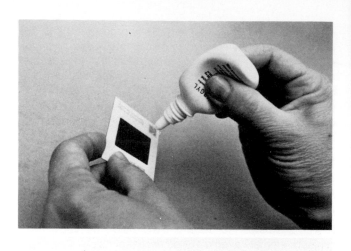

au papier spécialement conçu pour nettoyer les lentilles. Les poussières collées au verre depuis longtemps sont coriaces et résistent à tous les soufflets, aussi puissants soient-ils.

Mais allez-y doucement!

Les lentilles d'un objectif doivent être nettoyées. Vous le saviez, bien sûr! Mais vous a-t-on déjà précisé à quel point ces objets sont délicats? Pour en prendre soin, il faut retrouver la même tendresse que vous employez pour caresser... le bout du nez de votre petite amie. Autrement, la surface de vos lentilles ressemblera vite à celle de la patinoire de hockey à la fin de la troisième période. La couche d'enduit antireflets des lentilles est relativement molle et s'égratigne si on la nettoie avec autre chose que du papier conçu à cet effet. Votre marchand d'accessoires de photo se fera un plaisir de vous en fournir. Quand le mal n'est pas trop grave, vous pouvez les dépoussiérer à l'aide d'un pinceau à longs poils ou d'un soufflet quelconque. Même si vous êtes bien mal pris, n'utilisez *jamais* votre cravate, un papier mouchoir, un de vos gants ou une de vos mitaines, votre mouchoir et surtout, catastrophe des catastrophes, vos doigts.

Là où il ne faut pas prendre de photo...

Aussi curieux que cela puisse sembler, il existe des endroits où il n'est pas permis de prendre des photos, et des sujets qu'il est interdit de photographier, même dans les pays «non communistes»!

D'une façon générale, un peu partout au monde, il n'est pas permis de photographier les installations, les équipements et les manoeuvres militaires. Chez nous, sauf en temps de guerre, on ne vous mettra sans doute pas en prison pour cela, mais vous risquez tout de même quelques tracasseries administratives, sinon une bonne engueulade de la part du sergent de garde! Les sanctions risquent toutefois d'être plus sérieuses si l'on vous avertit, verbalement ou par écrit, de vous abstenir de prendre des photos ou d'entrer quelque part avec un appareil-photo, et cela ne s'applique pas seulement aux questions militaires ou aux secrets industriels. Les défilés de mode et les expositions d'oeuvres d'art sont, entre autres, deux cas où il est généralement interdit de prendre des photos, à moins d'avoir au préalable obtenu une autorisation des organisateurs de l'événement.

Vous ne risquez pas grand-chose, par contre, à photographier sans permission des gens ou des objets ordinaires, à condition que vous ne violiez pas la propriété privée ou que vous ne vous serviez pas des clichés pour causer du tort aux personnes qui y figurent, auquel cas vous tomberiez sous le coup des lois protégeant la propriété ou la réputation d'autrui. L'indiscrétion, si elle est impolie, n'est toutefois pas illégale! À l'étranger, par contre, la situation peut être différente. Ainsi, dans certains pays, il est *illégal* de prendre des photos dans des endroits publics ou de photographier des gens sans les rémunérer. Il arrive souvent aussi que, dans les sites touristiques, certaines personnes se soient vu accorder le monopole de la photographie, ce qui leur donne légalement le droit de faire arrêter et de poursuivre en justice quiconque prend une photo, ne serait-ce que de sa petite amie, sur ce qui est leur territoire de travail exclusif. Moralité : avant de partir en voyage, il est bon de s'informer des us et coutumes des pays que l'on entend visiter!

Il est enfin des situations où la photographie, si elle est tout à fait licite, comporte certains risques. Il y a, bien sûr, le cas du gros gars, ou de la grosse fille, qui «ha-i-t» les photographes et qui court plus vite que vous! Mais en dehors de cette situation extrême, je vous rappelle que dans tous les endroits où l'on risque de se bousculer, le photographe, quand il met l'oeil dans le viseur, devient très vulnérable. Par ailleurs, en ces temps d'attentats et de prises d'otages, les responsables de la sécurité des personnalités politiques, religieuses ou autres sont souvent assez nerveux et, au cas où vous ne l'auriez pas remarqué, je vous signale qu'il existe de troublantes similitudes d'aspect entre une arme automatique et certaines pièces d'équipement photographique! Dernier point à considérer : le matériel de photo excite facilement les convoitises et il se vend aisément au marché noir. À vous de juger où et quand il convient de ne pas trop en faire étalage, en vous souvenant qu'un photographe concentré sur son sujet constitue une proie fort alléchante pour ces personnes aux mains agiles et aux pieds légers qui poussent parfois un peu trop loin l'amour du bien d'autrui...

Et si le pire devait arriver...

... Après la baignade?

On voit rarement les appareils-photo prendre un bain, mais quand ça se produit, on se laisse facilement gagner par... la panique! C'est justement la première chose à éviter. Bon, voilà! votre bel appareil vient de tomber à l'eau. Vous êtes chanceux, le fond n'est pas loin. Dépêchez-vous de le récupérer (si ce n'est pas un «toutoto» plein de circuits imprimés...) et ayez le geste plus rapide encore si les eaux sont profondes. L'eau salée étant particulièrement dommageable, il faut retirer immédiatement l'objectif et le viseur (s'il est amovible), ouvrir le boîtier et laver l'ensemble (oui, le laver sous le robinet d'eau douce) abondamment en faisant fonctionner les pièces mobiles : objectifs, bagues de mise au point, bagues de diaphragme, etc. Sous l'air chaud d'un séchoir à cheveux, actionnez ensuite le déclencheur à toutes les vitesses, réarmez et déclenchez aussi longtemps que vous en aurez la patience. Les risques de corrosion seront assez minimes si vous pouvez remettre votre appareil à un micro-technicien dans les deux ou trois jours suivant l'incident. J'insiste, ne vous lassez pas d'actionner les mécanismes. Continuez ce petit exercice pendant qu'on vous conduit chez le réparateur, si vous pouvez vous y rendre immédiatement! Enfin, le meilleur conseil que je puisse vous donner est celui-ci: ne démontez pas votre appareil vous-même!

Conclusion

Nous voici donc arrivés au terme de ce petit guide sans prétention autre que de jeter un peu de lumière sur les différentes façons d'organiser ses prises de vues et, surtout, d'en contourner les embûches.

Il suffirait ainsi de tourner l'oeil sept fois dans le viseur... avant de déclencher, pour peu qu'on veuille rendre ses images plus intéressantes, plus «parlantes», et faire de ce passe-temps une expérience plus gratifiante que la simple mise en pratique de ce vieux, et bien triste, syllogisme qui dit: «Je pèse sur un bouton, j'obtiens une image, donc je suis photographe.»

Allez, bonnes photos!

A.D.

Table des matières

Coordonnées techniques

La composition de ce volume
a été réalisée par
les Ateliers de La Presse, Ltée

Achevé   Imprimerie
d'imprimer Gagné Ltée
au Canada Louiseville

Preface

For many years, I have been aware that educators around the world are in need of a thorough grammar program that can be used by anyone regardless of their background or beliefs. *Growing With Grammar* was developed to fill that need in the education community.

We have designed this comprehensive program to be user-friendly for both teacher and student by separating the subject matter into two books, the Student Manual and the Student Workbook (which includes a separate Answer Key). The Student Manual contains the learning portion of the subject matter, and the Student Workbook contains the hands-on portion which reinforces the lessons taught in the Student Manual. If desired, independent learners can work alone by utilizing both the Student Manual and Student Workbook since the Answer Key is separate. To support each concept learned in the Student Manual, there is a corresponding workbook lesson. Review questions are integrated within each workbook lesson to constantly provide reinforcement of previous lessons learned. In addition, there are separate review lessons at the end of each chapter. There are 107 lessons in the Level 7 program, which includes 18 review lessons.

Also, we have selected spiral binding for our books to ensure that they lie flat when open. The spiral binding on the workbook is at the top of the page to provide equal, unobstructed access for both right- and left-handed students.

Thank you for choosing *Growing With Grammar*. We look forward to the opportunity to provide you with the best tools possible to educate your children.

Table of Contents

Chapter 3 - The Parts of a Sentence

Chapter 4 - The Parts of a Sentence Part 2

Chapter 5 - The Correct Use of Verbs, Pronouns, and Modifiers

Chapter 6 - Phrases

Chapter 7 - Clauses

Chapter 1

Parts of Speech

1.1 Common, Proper, and Collective Nouns

A **noun** names a **person**, **place**, or **thing**.

My **sister** drove to the **park** in her **car**.

In this example, the words **sister**, **park**, and **car** are **nouns** that name a **person**, a **place**, and a **thing**.

More examples:

Person	Place	Thing
writer	city	camera
student	beach	cake
neighbor	library	movie

A **common noun** names **any** person, place, or thing and begins with a lower case letter. A **proper noun** names a **specific** person, place, or thing. Capitalize each important word in a proper noun.

Common Noun	Proper Noun
president	George Washington
city	San Francisco
building	White House
composer	Antonio Vivaldi

Concrete nouns name things you can **see** or **touch**. The nouns described above are **concrete nouns**.

Abstract nouns name things that **cannot** be seen or touched such as **feelings** or **ideas**.

I admire her **honesty**.

Mom likes Dad's **strength**.

In these examples, the words **honesty** and **strength** are **nouns** that name a **feeling** or **idea**.

More examples:

fear	friendship	peace	joy
justice	enthusiasm	time	love
happiness	freedom	beauty	anger
courage	goodness	patience	pride
equality	hope	truth	caring
loneliness	loyalty	direction	health
kindness	selfishness	sadness	wisdom

A **collective noun** names a **group** of people or things.

A **squadron** of jet pilots flew over our house.

 George watched the **flock** of sheep.

In these examples, the words **squadron** and **flock** are **collective nouns** that name a **group** of **people** or **things**.

More examples:

swarm	bunch	fleet	set
crowd	committee	team	group
squadron	orchestra	school	herd
family	crew	convoy	class
audience	cluster	band	army
colony	gang	hive	nest
pack	assembly	staff	tribe

1.2 Singular and Plural Nouns

Use the **singular form** of a **noun** to name **one** person, place, or thing. Use the **plural form** of a **noun** to name **more than one** person, place, or thing.

Add **-s** to most nouns to form the **plural**.

singular:	singer	office	boat
plural:	singer**s**	office**s**	boat**s**

Add **-es** to most nouns ending in **s**, **sh**, **ch**, **x**, or **z**.

singular:	glass	ash	arch	box	waltz
plural:	glass**es**	ash**es**	arch**es**	box**es**	waltz**es**

Add **-s** to nouns ending with **y** after a **vowel**.

singular:	key	toy	donkey
plural:	key**s**	toy**s**	donkey**s**

Change **y** to **i** and add **-es** to nouns ending in **y** after a **consonant**.

singular:	factory	berry	lady
plural:	factor**ies**	berr**ies**	lad**ies**

Add **-s** to most nouns ending in **o** after a **vowel** and to **musical terms** ending in **o**.

singular:	patio	alto	cello
plural:	patio**s**	alto**s**	cello**s**

Add **-es** to most nouns ending in **o** after a **consonant**.

singular:	tomato	echo	hero
plural:	tomato**es**	echo**es**	hero**es**

Change **f** or **fe** to **-ves** for most nouns ending in **f** or **fe**.

singular:	shelf	knife	thief
plural:	shel**ves**	kni**ves**	thie**ves**

Add **-s** to other nouns ending in **f**.

singular:	cuff	gulf	cliff
plural:	cuff**s**	gulf**s**	cliff**s**

The **plural** of some nouns is formed in **irregular** ways.

| *singular:* | man | woman | mouse | child |
| *plural:* | men | women | mice | children |

| *singular:* | foot | tooth | goose | person |
| *plural:* | feet | teeth | geese | people |

Some nouns have **identical singular** and **plural forms**.

| *singular:* | fish | moose | deer |
| *plural:* | fish | moose | deer |

| *singular:* | sheep | swine | bison |
| *plural:* | sheep | swine | bison |

Some nouns are **always** in the **plural form** but can be used as **singular** or **plural**. These nouns are often referred to as a **pair** of something.

| *singular:* | scissors | shorts | pants |
| *plural:* | scissors | shorts | pants |

Check the **dictionary** if you are unsure how to write a **plural noun**. In a dictionary, the abbreviation **pl.** stands for **plural**. When two choices are listed for the plural, the first choice is usually preferred.

1.3 Possessive Nouns

A **possessive noun** shows **ownership**.

We heard the **child's** voice.

In this example, the word **child's** is a **possessive noun** that shows **ownership**. The **voice** belongs to the **child**.

To write the **possessive form** of a **singular noun**, add an **apostrophe** and **-s ('s)**.

zoo   →   the zoo**'s** animals

runner →   the runner**'s** shoe

Lois   →   Lois**'s** family

boss   →   the boss**'s** office

actress →   the actress**'s** smile

To write the **possessive** of a **plural noun** ending in
s, add only an **apostrophe (')** after the **s**.

students   →   the students' pencils

tourists   →   the tourists' cameras

dogs   →   the dogs' collars

pirates   →   the pirates' hats

To write the **possessive** of a **plural noun** that does
not end in **s**, such as an **irregular** plural noun, add an
apostrophe and **-s ('s)**.

men   →   the men**'s** ideas

sheep   →   the sheep**'s** wool

children   →   the children**'s** shoes

mice   →   the mice**'s** tails

1.4 Pronouns

A **pronoun** is a word used in place of one or more **nouns** or **pronouns**.

<u>Mom</u> baked <u>lasagna</u> for the <u>boys</u>.

↓

She baked **it** for **them**.

In this example, the pronouns **she**, **it**, and **them** take the place of the nouns **Mom**, **lasagna**, and **boys**.

More examples:

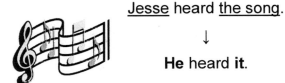

<u>Jesse</u> heard <u>the song</u>.

↓

He heard **it**.

<u>Raymond and Carl</u> offered the <u>dog</u> a treat.

↓

They offered **it** a treat.

<u>Mrs. Johnson</u> waved to <u>Meg and me</u>.

↓

She waved to **us**.

Personal pronouns are used most often and show **number** and **person**.

Number tells whether the pronoun is **singular** or **plural**. **Person** shows the **relationship** between the **speaker** and the **pronoun**.

Below is a list of the **personal pronouns** showing **number** and **person**.

<u>Personal Pronouns</u>

	Singular	**Plural**
First Person *(the speaker)*	I, me	we, us
Second Person *(the person addressed)*	you	you
Third Person *(person or thing being discussed)*	he, him she, her it	they, them

A **possessive pronoun** is a special kind of personal pronoun. It shows **ownership** and replaces a **possessive noun. My, mine, your, yours, his, her, hers, its, our, ours, their,** and **theirs** are **possessive pronouns.**

Mom's pie is delicious.

↓

Her pie is delicious.

In this example, the possessive pronoun **her** takes the place of the possessive noun **Mom's**.

More examples:

I met Joe's sister.

↓

I met **his** sister.

Are the girls' answers correct?

↓

Are **their** answers correct?

That dog is Maria's.

↓

That dog is **hers**.

Below is a list of **possessive pronouns** showing **number** and **person**.

Possessive Pronouns

	Singular	**Plural**
First person *(the speaker)*	my, mine	our, ours
Second Person *(the person addressed)*	your, yours	your, yours
Third Person *(person or thing being discussed)*	his, her, hers, its	their, theirs

The possessive pronouns **my**, **your**, **his**, **her**, **its**, **our**, and **their** are used before **nouns**.

That is **my** surfboard.

Your trophy is large.

His hat is black.

We found **her** coat.

The dog is eating **its** food.

Molly is **our** cat.

Their family raises pigs.

The possessive pronouns **mine**, **yours**, **his**, **hers**, **its**, **ours**, and **theirs** are used **alone**.

That surfboard is **mine**.
The large trophy is **yours**.
The black hat is **his**.
The purple coat is **hers**.
The food is **its**.
The yellow cat is **ours**.
The pigs are **theirs**.

Notice that the possessive pronouns **his** and **its** can be used **before a noun** or **alone**.

His hat is black.
The black hat is **his**.

The dog is eating **its** food.
The food is **its**.

An **antecedent** is the word or words to which a **pronoun** refers. The antecedent usually comes before the pronoun.

Jerry lost **his** hat.

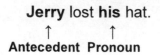

In these examples, **Jerry** is the antecedent of the pronoun **his**, and **Beth** and **I** are the antecedents of the pronoun **our**.

More examples:

The **girls** can play on the swing when **they** arrive.
*(Girls is the **antecedent** of the pronoun **they**.)*

Shalisa finished **her** painting.
*(Shalisa is the antecedent of the pronoun **her**.)*

Charlie and **I** stayed home so **we** could help Dad.
*(Charlie and I are the **antecedents** of the pronoun **we**.)*

The **dog** refused to eat **its** food.
*(Dog is the **antecedent** of the pronoun **its**.)*

1.5 Reflexive Pronouns

A **reflexive pronoun** refers back to the **subject** (the **antecedent**) used earlier in the same sentence.

Reflexive pronouns end with **-self** or **-selves** and can be **singular** or **plural**.

The **singular reflexive pronouns** are **myself**, **yourself**, **himself**, **herself**, and **itself**. Notice how all **singular reflexive pronouns** end with **-self**.

Singular

I helped **myself**.

You entertain **yourself**.

He hurt **himself**.

She surprised **herself**.

It protected **itself**.

In these examples, the **singular reflexive pronouns** are in bold. Their **antecedents** (subjects) are underlined.

The **plural reflexive pronouns** are **ourselves,
yourselves**, and **themselves**. Notice how all **plural
reflexive pronouns** end with **-selves**.

Plural

We fed **ourselves**.

You defend **yourselves**.

They enjoyed **themselves**.

In these examples, the **plural reflexive pronouns** are
in bold. Their **antecedents** are underlined.

Hisself and **theirselves** are **not** reflexive pronouns.
These are **incorrect** forms of **himself** and **themselves**
and should not be used.

Incorrect: He moved hisself into position.

Correct: He moved **himself** into position.

Incorrect: They built theirselves a garage.

Correct: They built **themselves** a garage.

1.6 Demonstrative Pronouns

A **demonstrative pronoun** points out specific people, places, or things. The **demonstrative pronouns** are **this**, **that**, **these**, and **those**.

This and **that** are **singular**. **These** and **those** are **plural**.

Singular	Plural
This is your <u>lunch</u>.	**These** are delicious <u>grapes</u>.
That was a nice <u>story</u>.	**Those** are my new <u>shoes</u>.

In these examples, the **demonstrative pronouns** are in bold. The **nouns** to which they refer are underlined.

This and **these** are used to refer to something that is **physically close** to the speaker. **That** and **those** are used to refer to something that is at a **physical distance** from the speaker.

Physically Close	Physical Distance
This is my <u>sister</u>.	**That** is a large <u>dog</u>.
These are your <u>gloves</u>.	**Those** are wild <u>geese</u>.

In these examples, the **demonstrative pronouns** are in bold. The nouns to which they refer are underlined.

Them is **not** a **demonstrative pronoun**.

Incorrect: *Them* are my parents.

Correct: **Those** are my parents.

Here or **there** should **never** be used with a demonstrative pronoun.

Incorrect: This *here* is an expensive guitar.

Correct: **This** is an expensive guitar.

Incorrect: That *there* is a hornet!

Correct: **That** is a hornet!

1.7 Indefinite Pronouns

An **indefinite pronoun** refers to one or more unspecified people, places, or things.

Some singular **indefinite pronouns** are **anybody, anyone, no one, each, either, everybody, everyone, neither, nobody, one, someone**, and **somebody**.

Anybody can play the game.

No one complained about the noise.

Each was out of place.

Either will do.

Everyone has a chance to win.

Neither was selected.

Someone needs to help me.

Some **plural indefinite pronouns** are **both, few, many**, and **several**.

Both were chosen.

Few arrived.

Many were lost.

Several remained.

1.8 Interrogative Pronouns

An **interrogative pronoun** introduces a **question**. When the words **who**, **whom**, **whose**, **what**, and **which** are used to ask a **question**, they are called **interrogative pronouns**.

Use **who** to refer to **people**.

Who knocked at the door?

Who wants breakfast?

Who sings that song?

Also, use **whom** to refer to **people**. **Whom** is often used after words such as **to**, **for**, and **with**.

To **whom** are you speaking?

For **whom** did you vote?

With **whom** are you going to the movies?

It is easy to be confused about when to use **who** or **whom**. When this occurs, substitute **he** and **him** into the sentence. If **he** sounds correct, then use **who**. If **him** sounds correct, then use **whom**.

(**Who** or **Whom**) went to the park?

↓

He went to the park?

Him went to the park?

↓

Who went to the park?

In this example, **he** makes more sense in the sentence. This means that **who** is the proper word to use.

You ate lunch with (**who** or **whom**)?

↓

You ate lunch with **he**?

You ate lunch with **him**?

↓

You ate lunch with **whom**?

In this example, **him** makes more sense in the sentence. This means that **whom** is the proper word to use.

Sometimes it is necessary to rearrange the sentence.

(**Who** or **Whom**) have you invited?
↓
Have you invited **he**?
Have you invited **him**?
↓
Whom have you invited?

In this example, **him** makes more sense in the sentence. This means that **whom** is the proper word to use.

To (**who** or **whom**) did you speak?
↓
Did you speak to **he**?
Did you speak to **him**?
↓
To **whom** did you speak?

In this example, like the one above, **him** makes more sense in the sentence. This means that **whom** is the proper word to use.

Use **whose** to refer to **people** or **things**.

Whose do you prefer?

Whose did you borrow?

Whose is not finished?

Use **what** to refer to **things** or **animals**.

What do you want for dinner?

What is the name of your dog?

What is the time?

Use **which** to refer to **people** or **things**.

Which will win?

Which is larger?

Which did you buy?

1.9 Action Verbs and Linking Verbs

Every sentence must have a **verb**. An **action verb** tells of or shows an **action**. Some **action verbs** show **physical action** while others show **mental action**. **Mental actions** are actions that take place but cannot be easily seen.

Physical Action	Mental Action
run	believe
jump	forget
play	know
open	learn

More examples:

Physical Action	Mental Action
George **calls** loudly.	You **think** about it.
We **cook** pasta.	Mom **worries** a lot.
Please **sit** down.	I **remember** the answer.
Shelby **eats** fast.	He **memorizes** poetry?

Instead of expressing an action, some **verbs** express condition or state of being and serve as a **link** between words. These verbs are called **linking verbs**.

The most commonly used **linking verbs** are forms of the verb **be**, which are **am**, **is**, **are**, **was**, and **were**.

I **am** hungry.

He **is** tall.

We **are** tired.

The food **was** delicious.

My shoes **were** tight.

Notice how each **verb** in bold is a **link** between the words on either side of it.

More examples:

I **am** late.

Chelsea **is** beautiful.

We **are** finished.

The door **was** closed.

The clouds **were** dark.

1.10 Other Linking Verbs

Other common linking verbs are words such as **appear**, **seem**, **look**, **smell**, **taste**, **feel**, **sound**, and their various forms.

The birds **appear** calm.

You **seemed** tired.

That team **looks** good.

The food **smelled** delicious!

This **tastes** odd.

Again, notice how each verb in bold is a link between the words on either side of it.

More examples:

I **feel** ill.

You **sound** excited!

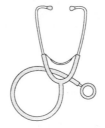

The patient **appears** alert.

This path **looks** safe.

The clothes **smell** clean.

Our soup **tastes** bland.

If you replace these **linking verbs** with a form of the verb **be** (**am**, **is**, **are**, **was**, and **were**) the sentence still makes sense.

The birds **appear** calm. → The birds **are** calm.

You **seemed** tired. → You **were** tired.

That team **looks** good. → That team **is** good.

The food **smelled** delicious! → The food **was** delicious!

This **tastes** odd. → This **is** odd.

Many of the **linking verbs** just mentioned can also be used as **action verbs**.

<u>Linking Verbs</u>	<u>Action Verbs</u>
The clothes **smell** clean.	I **smell** clean clothes.
This path **looks** safe.	Did you **look** at the path?
Our soup **tastes** bland.	Matt **tasted** the soup.
The water **feels** warm.	Did you **feel** the water?

To decide if the word is a **linking verb** or an **action verb**, simply replace it with a form of the verb **be**. If the sentence makes sense, then it is a **linking verb**. If it does not make sense, then it is an **action verb**.

Linking Verbs	Action Verbs
The clothes **smell** clean.	I **smell** clean clothes.
↓	↓
The clothes **are** clean.	I **am** clean clothes.

The first example makes sense when the verb **smell** is replaced with the verb **are** (a form of the verb **be**). This means that the verb **smell**, in the first example, is a **linking verb**.

The second example does **not** make sense when the verb **smell** is replaced with the verb **am** (a form of the verb **be**). This means that the verb **smell** is an **action verb**.

1.11 Main Verbs and Helping Verbs

A **main verb** expresses the **action** or **being** in the sentence. It tells what the subject **does** or **is**.

Action	**Being**
Joe <u>jumps</u> the fence.	Joe <u>is</u> tired.

In these examples, the verb **jumps** tells what Joe **does** and the verb **is** tells what Joe **is**.

A **helping verb** works with the **main verb** to **help** it express its meaning.

Action	**Being**
Joe **will** <u>jump</u> the fence.	Joe **should** <u>be</u> tired.

In these examples, the verbs **will** and **should** are **helping verbs** to the main verbs **jump** and **be**. They help express the meaning of the main verbs.

Below is a list of **helping verbs**.

Helping Verbs

am	have	do	shall	may
is	has	does	will	might
are	had	did	should	must
was			would	can
were				could
be				
being				
been				

A **verb phrase** contains a **main verb** preceded by one or more **helping verbs**.

I **was** <u>reading</u> an exciting book!

She **has been** <u>practicing</u> for two hours.

Diego **must have been** <u>writing</u> his letter.

In the first example, the verb phrase is **was reading**. The main verb is **reading**. In the second example, the verb phrase is **has been practicing**. The main verb is **practicing**. In the third example, the verb phrase is **must have been writing**. The main verb is **writing**.

1.12 Interrupted Verb Phrases

Sometimes a **verb phrase** is interrupted by other words.

Questions should be changed to **statements** to find the **verb phrase**.

Has Charles left for the store?

↓

Charles **has** <u>left</u> for the store.

Changing the **question** into a **statement** makes the **verb phrase** easier to find. In this example, the **verb phrase** is **has left**.

More examples:

Will you pass the salt?
↓
You **will** <u>pass</u> the salt.

Did Marcia lose her gloves?
↓
Marcia **did** <u>lose</u> her gloves.

Words such as **not** (and its **contraction** form **n't**), **never**, **hardly**, **surely**, and **always** are often found in the middle of a **verb phrase**, but they are **not** verbs and are **never** a part of the verb phrase.

She <u>has</u> **not** <u>eaten</u> her lunch.

Marcus <u>will</u> **always** <u>help</u> his mother.

In these examples, the **verb phrases** are **has eaten** and **will help**. The words **not** and **always** are **not** part of the verb phrases mentioned.

More examples:

I <u>have</u> **never** <u>heard</u> that song.
(The verb phrase is <u>have heard</u>.)

Stacy <u>did</u>**n't** <u>know</u> the answer.
(The verb phrase is <u>did know</u>.)

The reporter <u>will</u> **surely** <u>tell</u> the truth.
(The verb phrase is <u>will tell</u>.)

Chapter 1 Review - Part 1

Common, Proper, and Collective Nouns - A **noun**
names a **person**, **place**, or **thing**.

- A **common noun** names **any** person, place, or thing
and begins with a lower case letter.

- A **proper noun** names a **specific** person, place, or
thing. Capitalize each important word in a proper noun.

- **Concrete nouns** name things you can **see** or **touch**.

-**Abstract nouns** name things that **cannot** be seen or
touched such as **feelings** or **ideas**.

- A **collective noun** names a **group** of people or
things.

Singular, Plural, and Possessive Nouns - Use the
singular form of a **noun** to name **one** person, place,
or thing. Use the **plural form** of a **noun** to name **more
than one** person, place, or thing.

- Add **-s** to most nouns to form the **plural**.

- Add **-es** to most nouns ending in **s**, **sh**, **ch**, **x**, or **z**.

- Add **-s** to nouns ending with **y** after a **vowel**.

- Change **y** to **i** and add **-es** to nouns ending in **y** after
a **consonant**.

- Add **-s** to most nouns ending in **o** after a **vowel** and to
musical terms ending in **o**.

- Add **-es** to most nouns ending in **o** after a **consonant**.
- Change **f** or **fe** to **-ves** for most nouns ending in **f** or **fe**.
- Add **-s** to other nouns ending in **f**.
- The **plural** of some nouns is formed in **irregular** ways.
- Some nouns have **identical singular** and **plural forms**.
- Some nouns are **always** in the **plural form** but can be used as **singular** or **plural**. These nouns are often referred to as a **pair** of something.

Possessive Nouns - A **possessive noun** shows **ownership**. To write the **possessive form** of a **singular noun**, add an **apostrophe** and **-s ('s)**. To write the **possessive** of a **plural noun** ending in **s**, add only an **apostrophe (')** after the **s**. To write the **possessive** of a **plural noun** that does **not** end in **s**, such as an **irregular** plural noun, add an **apostrophe** and **-s ('s)**.

Pronouns - A **pronoun** is a word used in place of one or more **nouns** or **pronouns**.

Personal pronouns are used most often and show number and person. **Number** tells whether the pronoun is **singular** or **plural**. **Person** shows the **relationship** between the **speaker** and the **pronoun**.

A **possessive pronoun** is a special kind of personal pronoun. It shows **ownership** and replaces a **possessive noun**. **My, mine, your, yours, his, her, hers, its, our, ours, their,** and **theirs** are **possessive pronouns**.

- The possessive pronouns **my, your, his, her, its, our,** and **their** are used before **nouns**.

- The possessive pronouns **mine, yours, his, hers, its, ours,** and **theirs** are used **alone**.

- Notice that the possessive pronouns **his** and **its** can be used **with a noun or alone**.

An **antecedent** is the word or words to which a **pronoun** refers. An antecedent usually comes before the pronoun.

<u>Reflexive Pronouns</u> - A **reflexive pronoun** refers back to the subject (the antecedent) used earlier in the same sentence. **Reflexive pronouns** end with **-self** or **-selves** and can be **singular** or **plural**. The **singular reflexive pronouns** are **myself, yourself, himself, herself,** and **itself**. Notice how all **singular**

reflexive pronouns end with -self. The **plural reflexive pronouns** are **ourselves, yourselves**, and **themselves**. Notice how all **plural reflexive pronouns** ends with **-selves**.

- **Hisself** and **theirselves** are **not** reflexive pronouns. These are **incorrect** forms of **himself** and **themselves** and should not be used.

Demonstrative Pronouns - A **demonstrative pronoun** points out **specific** people, places, or things. The **demonstrative pronouns** are **this, that, these**, and **those**.

- **This** and **that** are **singular**. **These** and **those** are **plural**.

- **This** and **these** are used to refer to something that is **physically close** to the speaker. **That** and **those** are used to refer to something that is at a **physical distance** from the speaker.

- **Them** is **not** a **demonstrative pronoun**.

- **Here** or **there** should **never** be used with a demonstrative pronoun.

Chapter 1 Review - Part 2

Indefinite Pronouns - An **indefinite pronoun** refers to one or more unspecified people, places, or things. Some singular **indefinite pronouns** are **anybody**, **anyone**, **no one**, **each**, **either**, **everybody**, **everyone**, **neither**, **nobody**, **one**, **someone**, and **somebody**. Some **plural indefinite pronouns** are **both**, **few**, **many**, and **several**.

Interrogative Pronouns - An **interrogative pronoun** introduces a **question**. When the words **who**, **whom**, **whose**, **what**, and **which** are used to ask a **question** they are called **interrogative pronouns**.

- Use **who** and **whom** to refer to **people**. **Whom** is used after a **verb** or words such as **to**, **for**, and **with**.

- It is easy to be confused about when to use **who** or **whom**. When this occurs, substitute **he** for **who** and **him** for **whom**. If **he** fits, then use **who**. If **him** fits, then use **whom**.

- Use **whose** to refer to **people** or **things**.

- Use **what** to refer to **things** or **animals**.

- Use **which** to refer to **people** or **things**.

Action Verbs and Linking Verbs - An **action verb** is a word that expresses **action**.

Every sentence must have a **verb**. An **action verb** tells of or shows an **action**. Some **action verbs** show **physical action** while others show **mental action**. **Mental actions** are actions that take place but cannot be easily seen.

Instead of expressing an action, some **verbs** express condition or state of being and serve as a **link** between words. These verbs are called **linking verbs**.

The most commonly used **linking verbs** are forms of the verb **be**, which are **am**, **is**, **are**, **was**, and **were**.

Other Linking Verbs - Other common linking verbs are words such as **appear**, **seem**, **look**, **smell**, **taste**, **feel**, **sound**, and their various forms. These **linking verbs** can also be used as **action verbs**.

To decide if the word is a **linking verb** or an **action verb**, simply replace it with a form of the verb **be**. If the sentence makes sense, then it is a **linking verb**. If it does not make sense, then it is an **action verb**.

Main Verbs and Helping Verbs - A **main verb** expresses the **action** or **being** in the sentence. It tells what the subject **does** or **is**.

A **helping verb** works with the **main verb** to **help** it express its meaning.

A **verb phrase** contains a **main verb** preceded by one or more **helping verbs**.

Interrupted Verb Phrases - Sometimes a **verb phrase** is interrupted by other words.

- **Questions** should be changed to **statements** to find the **verb phrase**.

- Words such as **not** (and its **contraction** form **n't**), **never**, **hardly**, **surely**, and **always** are often found in the middle of a **verb phrase**, but they are **not** verbs and are **never** a part of the verb phrase.

Chapter 2

More Parts of Speech

2.1 Adjectives

An **adjective** is a word that **modifies** a **noun** or **pronoun**. Adjectives **describe** or **limit** a noun or pronoun by telling **what kind**, **how many**, **which one**, or **whose**.

Adjectives that describe are called **descriptive adjectives**. They tell how a noun or pronoun **looks**, **smells**, **sounds**, **feels**, or **tastes**.

What kind?   **blue** blanket   **clean** blanket

                soft blanket   **large** blanket

In these examples, the words **blue**, **clean**, **soft**, and **large** are **descriptive adjectives** that tell **what kind** about the noun **blanket**.

More examples:

The **cute**, **brown** bird ate a **juicy** worm.

We saw a **small** pelican with **large**, **white** feathers.

A **polite** waitress brought **delicious** cookies.

The **loud** music hurts my **tiny** ears.

Adjectives that limit are called **limiting adjectives**. They tell **how many**, **which one**, or **whose** about a noun or pronoun.

Numbers such as **one**, **four**, or **nine** can be used as **limiting adjectives** to tell **how many** about a noun or pronoun.

Also, **indefinite pronouns** can be used to suggest a number without giving the exact amount. **Indefinite pronouns** such as **few**, **many**, **several**, **some**, **numerous**, **all**, and **much** can be used as **limiting adjectives**.

How many?   **three** blankets   **many** blankets

                 few blankets   **some** blankets

In these examples, the words **three**, **many**, **few**, and **some** are **limiting adjectives** that tell **how many** about the noun **blankets**.

More examples:

Two birds ate **many** worms.

We saw **one** pelican with **few** feathers.

Some waitresses brought **several** cookies.

All music hurts my **two** ears.

The demonstrative pronouns **this**, **that**, **these**, and **those** can also be used as **adjectives** to tell **which one** about a noun when they point out a **specific** person, place, or thing. They are called **demonstrative adjectives**.

Also, words such as **first**, **third**, and **fifth**, and so on, are **limiting adjectives** that tell **which one** about a noun.

Which one?   **this** <u>blanket</u>   **that** <u>blanket</u>

second <u>blanket</u>   **fourth** <u>blanket</u>

In these examples, the words **this**, **that**, **second**, and **fourth** are **limiting adjectives** that tell **which one** about the noun **blanket**.

More examples:

The **second** <u>bird</u> ate **those** <u>worms</u>.

We saw **that** <u>pelican</u> with **these** <u>feathers</u>.

The **first** <u>waitress</u> brought **this** <u>cookie</u>.

That <u>music</u> hurts **these** <u>ears</u>.

Remember, when **this**, **that**, **these**, and **those** modify a noun, they are **demonstrative adjectives**. When they are used alone and **not** followed by a noun, they are **demonstrative pronouns** (lesson 1.6).

Demonstrative Adjectives	Demonstrative Pronouns
This <u>pelican</u> is small.	**This** is small.
That <u>bird</u> is brown.	**That** is brown.
These <u>feathers</u> are large.	**These** are large.
Those <u>cookies</u> are delicious.	**Those** are delicious.

　　Possessive nouns such as **Jerry's** and **baby's** can be used as **limiting adjectives** to tell **whose** about a noun.

　　Also, some **possessive pronouns** such as **my**, **our**, **your**, **their**, **her**, **his**, and **its** can be used as **limiting adjectives** to tell **whose** about a noun.

Whose?　　　**Jerry's** <u>blanket</u>　　**baby's** <u>blanket</u>

　　　　　　　your <u>blanket</u>　　　**his** <u>blanket</u>

In these examples, the words **Jerry's**, **baby's**, **your**, and **his** are **limiting adjectives** that tell **whose** about the noun **blanket**.

More examples:

Troy's <u>bird</u> ate **my** <u>worms</u>.

Mia's <u>pelican</u> groomed **its** <u>feathers</u>.

His <u>waitress</u> brought **our** <u>cookies</u>.

Your <u>music</u> hurts the **girl's** <u>ears</u>.

2.2 Commas and Adjectives

Use a **comma** to separate more than one **descriptive adjective**. **Commas** should only be used between **two or more adjectives** and **never** between an adjective and the word it modifies.

A way to check to see if a **comma** is necessary is to see if the **adjectives** can be **joined** by **and** without changing the meaning of the sentence.

Another way to check if a **comma** is necessary is to change the **order** of the **adjectives**. If the sentence still sounds correct, then a **comma** is necessary.

The **adorable brown** bird ate a worm.
        ↑   ↑
Adjective Adjective

Adding
and: The <u>adorable and brown</u> bird ate a worm.

Changing
adjective
order: The <u>brown adorable</u> bird ate a worm.

Correct: The **adorable, brown** bird ate a worm.

I saw a pelican with **massive white** feathers.

             ↑   ↑

          Adjective Adjective

Adding and: I saw a pelican with <u>massive and white</u> feathers.

Changing adjective order: I saw a pelican with <u>white massive</u> feathers.

Correct: I saw a pelican with **massive, white** feathers.

Both of the previous examples show instances where a **comma** is **necessary**. The sentences sound correct with **and** inserted and when the **adjective order** is changed.

   Do **not** use a comma between an **adjective** and the word it modifies.

Incorrect: The adorable, brown, bird ate a worm.

Correct: The adorable, brown bird ate a worm.

Incorrect: I saw a pelican with massive, white, feathers.

Correct: I saw a pelican with massive, white feathers.

Do not use a **comma** to separate **adjectives** that must stay in a **certain order**. A **comma** is **not** used to separate a **limiting adjective** from another adjective.

Incorrect: The bird ate **those, juicy** worms.

↓

Adding and: The bird ate <u>those and juicy</u> worms.

Changing adjective order: The bird ate <u>juicy those</u> worms.

A **comma** is **not** required in this example because **and cannot** be used between the **adjectives**. In addition, the **order** of the adjectives **cannot** be changed because the sentence would not make sense.

Correct: The bird ate **those juicy** worms.

This example correctly shows that the sentence should be written with **no commas**.

2.3 Articles and Appositive Adjectives

The articles **a, an**, and **the** are **limiting adjectives**. An **article** is used **before** a **noun** in a sentence to tell that the noun is coming.

A and **an** are called **indefinite articles** because they refer to **any** noun. **A** is used with **singular nouns** that **begin** with a **consonant sound**.

a book   **a** door   **a** man   **a** pineapple

An is used with **singular nouns** that **begin** with a **vowel sound**.

an actor   **an** egg   **an** infant   **an** opera

The is called a **definite article** because it refers to **specific** nouns. **The** is used with **singular** or **plural** nouns.

the park   **the** castle   **the** Chrysler Building
(a specific park)   *(a specific castle)*   *(a specific building)*

Most **adjectives** come before the **noun** they modify or after a **linking verb** (**predicate adjective**). Sometimes **adjectives** immediately follow a **noun**. These are called **appositive adjectives**.

Jessica's <u>hair</u>, **long** and **silky**, reflected the light.
     ↑   ↑   ↑
    Noun   **Appositive**
             Adjectives

Appositive adjectives usually come in **pairs** that are joined by a **conjunction**.

Jessica's <u>hair</u>, **long** *and* **silky**, reflected the light.
           ↑
       Conjunction

Appositive adjectives are set off from the rest of the sentence by placing a **comma** before the **first adjective** and after the **second adjective**.

Jessica's <u>hair</u>**,** **long** *and* **silky,** reflected the light.
     ↑   ↑
   Comma   **Comma**

More examples:

The hot <u>fire</u>, **large** *and* **bright,** warmed the small room.

     ↑   ↑   ↑

    Noun   **Appositive**
                Adjectives

The <u>lion</u>, **hungry** *but* **determined,** stalked its prey.

  ↑   ↑   ↑

 Noun   **Appositive**
             Adjectives

The <u>wind</u>, **loud** *and* **howling,** scared the children.

  ↑   ↑   ↑

 Noun   **Appositive**
           Adjectives

These <u>shoes</u>, **shiny** *and* **black,** are new.

   ↑   ↑   ↑

  Noun   **Appositive**
            Adjectives

2.4 Adverbs

Like adjectives, **adverbs** are words that **modify** other words. Most **adverbs** modify **verbs.** Adverbs tell **how, when**, **where**, **how often**, or **to what extent** about the **verb** they **modify.** An **adverb** can come before or after the **verb** it modifies.

Adverbs Modifying Verbs

Kristin <u>cooked</u> dinner.
↑
Verb

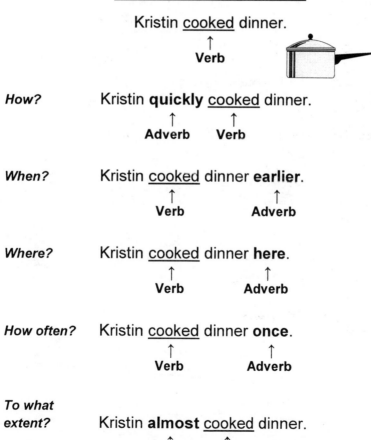

How?   Kristin **quickly** <u>cooked</u> dinner.
↑   ↑
Adverb   Verb

When?   Kristin <u>cooked</u> dinner **earlier.**
↑   ↑
Verb   Adverb

Where?   Kristin <u>cooked</u> dinner **here.**
↑   ↑
Verb   Adverb

How often?   Kristin <u>cooked</u> dinner **once.**
↑   ↑
Verb   Adverb

To what extent?   Kristin **almost** <u>cooked</u> dinner.
↑   ↑
Adverb   Verb

How, **when**, **where**, and **why** are **adverbs** that are commonly used to begin **questions**.

How did you know?

When is the game?

Where are you going?

Why did he clean?

To find the **verb** or **verb phrase**, reword these **questions** (such as the questions above) by placing the **subject** first and the **verb** or **verb phrase** next, followed by the **adverb**.

You <u>did know</u> **how**.
↑ ↑ ↑
Subject Verb Adverb
Phrase

The *game* <u>is</u> **when**.
↑ ↑ ↑
Subject Verb Adverb

You <u>are going</u> **where**.
↑ ↑ ↑
Subject Verb Adverb
Phrase

He <u>did clean</u> **why**.
↑ ↑ ↑
Subject Verb Adverb
Phrase

Words such as **not** (and its **contraction** form **n't**), **never**, **hardly**, **surely**, **scarcely**, **barely**, and **always** are **adverbs** that are often found in the middle of a **verb phrase** (see lesson 1.12).

Harold <u>will</u> **not** <u>eat</u> his blueberries.

In this example, the **verb phrase** is **will eat**. It is interrupted by the adverb **not**.

More examples:

Marta <u>did</u>**n't** <u>find</u> the book.

I <u>can</u> **barely** <u>see</u> the television.

He <u>did</u> **not** <u>understand</u> the question.

Dad <u>can</u> **never** <u>find</u> his keys.

The **verb phrase** is underlined in each of the above examples. Notice how the bolded words are **not** part of the **verb phrase**.

Many **adverbs** are formed from **adjectives** or **nouns** by adding the ending **-ly**.

<u>Adjective</u>	<u>Adverb</u>
The wind is **calm**.	The wind blew **calmly**.
Mary is a **happy** girl.	Mary sings **happily**.

<u>Noun</u>	<u>Adverb</u>
We meet next **week**.	We meet **weekly**.
My dad is an **expert**.	He fishes **expertly**.

Not all words that end in **-ly** are **adverbs**. Some **adjectives** end in **-ly**. Below are a few examples of **adjectives** that end in **-ly**.

She gave **sisterly** advice.

That was a **costly** lunch.

Billy is **friendly**.

2.5 Adverbs Modifying Adjectives

Adverbs can modify an **adjective**. When an **adverb** modifies an **adjective**, it usually comes directly before the word it modifies.

Words such as **very, too, rather, so, quite, unusually, extremely**, and **especially** are commonly used as **adverbs of degree** to help describe **adjectives**.

Adverbs Modifying Adjectives

Kristin cooked an **extremely** <u>delicious</u> *dinner*.
                ↑   ↑   ↑
            Adverb   Adjective Noun

In this example, the adjective **delicious** modifies the noun **dinner**. The adverb **extremely**, telling **how delicious**, modifies the adjective **delicious**.

More examples:

Joseph is an **unusually** <u>good</u> *pitcher*.
            ↑   ↑   ↑
         Adverb Adjective Noun

*(The adjective **good** modifies the noun **pitcher**. The adverb **unusually**, telling **how good**, modifies the adjective **good**.)*

Molly is an **especially** <u>careful</u> *person*.
            ↑   ↑   ↑
        Adverb Adjective Noun

*(The adjective **careful** modifies the noun **person**. The adverb **especially**, telling **how careful**, modifies the adjective **careful**.)*

Kadeem seems **very** <u>shy</u>.
  ↑   ↑   ↑
Noun   **Adverb Adjective**

*(The predicate adjective **shy** modifies the noun **Kadeem**. The adverb **very**, telling **how shy**, modifies the adjective **shy**. We will discuss **predicate adjectives** in lesson 4.5.)*

2.6 Adverbs Modifying other Adverbs

Adverbs can also modify another **adverb**. When an **adverb** modifies another **adverb**, it usually comes directly before the word it modifies.

Words such as **very, too, rather, so, quite, unusually, extremely**, and **especially** are commonly used as **adverbs of degree** to help describe **adverbs**.

Adverbs Modifying Other Adverbs

Kristin **very** <u>quickly</u> *cooked* dinner.
      ↑   ↑   ↑
Adverb Adverb   Verb

In this example, the adverb **quickly** modifies the verb **cooked**. The adverb **very**, telling **how quickly**, modifies the adverb **quickly**.

More examples:

Joseph *pitches* **unusually** <u>well</u>.

      ↑   ↑   ↑

     Verb   **Adverb Adverb**

*(The adverb **well** modifies the verb **pitches**. The adverb **unusually**, telling **how well**, modifies the adverb **well**.)*

Molly *walks* **especially** <u>slowly</u>.

    ↑   ↑   ↑

   Verb   **Adverb Adverb**

*(The adverb **slowly** modifies the verb **walks**. The adverb **especially**, telling **how slowly**, modifies the adverb **slowly**.)*

Kadeem **very** <u>recently</u> *cleaned*.

    ↑   ↑   ↑

  Adverb Adverb   Verb

*(The adverb **recently** modifies the verb **cleaned**. The adverb **very**, telling **how recently**, modifies the adverb **recently**.)*

2.7 Prepositions

A **preposition** is a word that shows the **relationship** between the **noun** or **pronoun** that follows the **preposition** to another word in the sentence.

The *umbrella* **in** the *house* is mine.

The preposition **in** tells how the words **umbrella** and **house** are related. The **umbrella** is **in** the **house**.

More examples:

The *pears* **from** the *tree* are ripe.

(The preposition **from** tells how the words **pears** and **tree** are related. The **pears** are **from** the **tree**.)

The *man* **with** the *hat* arrived early.

(The preposition **with** tells how the words **man** and **hat** are related. The **man** is **with** the **hat**.)

The *painting* **on** the *wall* is beautiful.

(The preposition **on** tells how the words **painting** and **wall** are related. The **painting** is **on** the **wall**.)

The *story* **about** the *fire* was short.

(The preposition **about** tells how the words **story** and **fire** are related. The **story** is **about** the **fire**.)

The most **commonly used prepositions** are listed below.

aboard	before	down	of	to
about	behind	during	off	toward
above	below	except	on	under
across	beneath	for	onto	underneath
after	beside	from	out	until
against	between	in	outside	up
along	beyond	inside	over	upon
among	by	into	past	with
around		like	since	within
at		near	through	without
			throughout	

Here are some common **compound prepositions** which contain more than one word.

according to	in addition to	instead of
along with	in front of	out of
because of	in spite of	prior to

Prepositions are part of a group of words called a **prepositional phrase.** A **prepositional phrase begins** with a **preposition** and **ends** with a **noun** or **pronoun.** The noun or pronoun is known as the **object of the preposition.** The following **prepositional phrases** are underlined.

The umbrella **in** the *house* is mine.

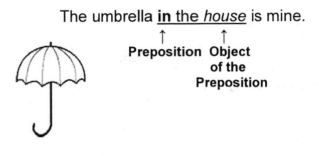

↑   ↑
**Preposition Object
of the
Preposition**

More examples:

Jackie lives **down** the *street*.

↑   ↑
**Preposition   Object
of the
Preposition**

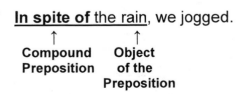

In spite of the rain, we jogged.

↑   ↑
**Compound   Object
Preposition   of the
Preposition**

Some **prepositions** have **two** objects.

Kurt walked **near** the *barn* and the *house*.
　　　　　　↑　　　　　↑　　　　　　　↑
　　　　Preposition Object　　　　Object
　　　　　　　　　of the　　　　　of the
　　　　　　　　Preposition　　　Preposition

More examples:

The gift **from** *Franklin* and *Elizabeth* arrived today.
　　↑　　　　　↑　　　　　　↑
　Preposition Object　　　　Object
　　　　　　of the　　　　of the
　　　　Preposition　　　Preposition

Jodi played **near** the *beach* and *water* for hours.
　　　　　↑　　　　　↑　　　　　　↑
　　　Preposition Object　　　　Object
　　　　　　　of the　　　　　of the
　　　　　　Preposition   Preposition

We will discuss **prepositional phrases** more in lesson 6.1.

Some words can be either a **preposition** or an **adverb**. A **preposition** always has an **object**, but an **adverb** does **not**.

Adverb: The dog jumped **up**.
(**Up** is used here as an **adverb**, modifying the verb **jumped**.)

Preposition: James climbed **up the hill**.
(**Up** is used here as a **preposition**, and **hill** is its **object**.)

Adverb: Matteo walked **over**.
(**Over** is used here as an **adverb**, modifying the verb **walked**.)

Preposition: The girl jumped **over the puddle**.
(**Over** is used here as a **preposition**, and **puddle** is its **object**.)

Adverb: The tree fell **down**.
(**Down** is used here as an **adverb**, modifying the verb **fell**.)

Preposition: He bounced the ball **down the road**.
(**Down** is used here as a **preposition**, and **road** is its **object**.)

Adverb: Please come **in**.
(**In** is used here as an **adverb**, modifying the verb **come**.)

Preposition: Bobby walked **in the stream**.
(**In** is used here as a **preposition**, and **stream** is its **object**.)

2.8 Conjunctions

A **conjunction** joins **words** or **groups of words**.

The **coordinating conjunctions** *and*, *but*, *or*, *nor*, and *yet* join **words**, **phrases**, or **sentences** that are **similar**. Two sentences joined by a **conjunction** form a **compound sentence**, which will be discussed in lesson 3.7.

Words: Paul **or** Jackie made coffee.

Phrases: Harry has eaten **and** will leave.

Sentences: His story was long, **but** it made me laugh.

More examples:

Margie was excited **yet** exhausted.
         ↑   ↑   ↑
      Word Conjunction Word

I planted bushes around the house **and** near the fence.
                              ↑   ↑   ↑
                          Phrase   Conjunction Phrase

Ron didn't see us, **nor** did we see him.
      ↑   ↑   ↑
  Sentence   Conjunction Sentence

My dad catches well, **but** he cannot hit a ball.
      ↑   ↑   ↑
  Sentence   Conjunction   Sentence

The **correlative conjunctions** *both...and*, *either...or*, *neither...nor*, and *not only...but also* work in pairs to join **words** or **groups of words**.

Words: We are eating **neither** <u>beef</u> **nor** <u>fish</u> for dinner.

Phrases: I asked **not only** <u>for a ball</u> **but also** <u>for a bat</u>.

Sentences: **Either** <u>you make the bed</u>, **or** <u>you fold laundry</u>.

More examples:

I saw **either** <u>Elizabeth</u> **or** <u>Gabriella</u> at the park.
    ↑   ↑   ↑   ↑
Conjunction Word Conjunction Word

He raked leaves **both** <u>near the road</u> **and** <u>in the yard</u>.
     ↑   ↑   ↑   ↑
Conjunction Phrase   Conjunction Phrase

Not only <u>did I make dinner</u>, **but also** <u>I baked a cake</u>.
↑   ↑   ↑   ↑
Conjunction   Sentence   Conjunction   Sentence

She invited **neither** <u>Raymond</u> **nor** <u>Charles</u> to the party.
     ↑   ↑   ↑   ↑
Conjunction Word Conjunction Word

2.9 Interjections

An **interjection** is a word or phrase that expresses **feeling** or **emotion**.

Some **interjections** express **mild** feelings or emotions. Use a **comma** after a **mild exclamation**.

Well, that movie was boring.

Ah, I understand what you are saying.

Darn, I missed my favorite television show.

Goodness, the water is cool.

Oh, don't cry.

Great, he finished building the fence.

Hush, the baby is asleep.

Say, can I ask you a question?

Oh no, I ripped my pants.

Some **interjections** express **strong** feelings or emotions. Use an **exclamation mark** after a **strong exclamation**.

Ugh! That is a dirty floor!

Aha! I solved the mystery!

Bravo! You did a fabulous job!

Hey! You can't go in there!

Hooray! Our team won the game!

Ouch! I stubbed my toe!

Ugh! I don't like spinach!

Whew! That was close!

Wow! What an exciting race!

Chapter 2 Review - Part 1

Adjectives - An **adjective** is a word that **modifies** a **noun** or **pronoun**. Adjectives **describe** or **limit** a noun or pronoun by telling **what kind**, **how many**, **which one**, or **whose**. **Descriptive adjectives** tell how a noun or pronoun **looks**, **smells**, **sounds**, **feels**, or **tastes**. **Limiting adjectives** tell **how many**, **which one**, or **whose** about a noun or pronoun.

Numbers such as **one**, **four**, or **nine** can be used as **limiting adjectives** to tell **how many** about a noun or pronoun. Also, **indefinite pronouns** can be used to suggest a number without giving the exact amount. **Indefinite pronouns** such as **few**, **many**, **several**, **some**, **numerous**, **all**, and **much** can be used as **limiting adjectives**.

The demonstrative pronouns **this**, **that**, **these**, and **those** can be used as **adjectives** to tell **which one** about a noun. They point out a **specific** person, place, or thing. These are called **demonstrative adjectives**. Also, words such as **first**, **third**, and **fifth**, and so on, are **limiting adjectives** that tell **which one** about a noun.

Possessive nouns such as **Jerry's** and **baby's** can be used as **limiting adjectives** to tell **whose** about a noun.

Also, some **possessive pronouns** such as **my**, **our**, **your**, **their**, **her**, **his**, and **its** can be used as **limiting adjectives** to tell **whose** about a noun.

Commas and Adjectives - Use a **comma** to separate more than one **descriptive adjective**. Commas should only be used between **adjectives** and **never** between an adjective and the word it modifies.

A way to check to see if a **comma** is necessary is to see if the **adjectives** can be **joined** by **and** without changing the meaning of the sentence. If the sentence still sounds correct, then a **comma** is necessary.

Another way to check if a **comma** is necessary is to change the **order** of the **adjectives**. If the sentence still sounds correct, then a **comma** is necessary.

Do not use a **comma** to separate **adjectives** that must stay in a **certain order**. A **comma** is **not** used to separate a **limiting adjective** from another adjective.

Articles and Appositive Adjectives - The articles **a**, **an**, and **the** are **limiting adjectives**. An **article** is used **before** a **noun** in a sentence to tell that the noun is coming.

A and **an** are called **indefinite articles** because they refer to **any** noun. **A** is used with **singular nouns** that **begin** with a **consonant sound**. **An** is used with

singular nouns that **begin** with a **vowel sound**. **The** is called a **definite article** because it refers to **specific** nouns. **The** is used with **singular** or **plural nouns**.

Most **adjectives** come before the **noun** they modify or after a **linking verb** (**predicate adjective**). Sometimes **adjectives** immediately follow a **noun**. These are called **appositive adjectives**.

Appositive adjectives usually come in **pairs** that are joined by a **conjunction**. **Appositive adjectives** are set off from the rest of the sentence by placing a **comma** before the **first adjective** and after the **second adjective**.

Adverbs - Most **adverbs** modify **verbs**. Adverbs tell **how**, **when**, **where**, **how often**, or **to what extent** about the **verb** they **modify**. An **adverb** can come before or after the **verb** it modifies.

How, **when**, **where**, and **why** are **adverbs** that are commonly used to begin **questions**. Reword **questions** by placing the **subject** first and the **verb** or **verb phrase** next, followed by the **adverb**.

Words such as **not** (and its **contraction** form **n't**), **never**, **hardly**, **surely**, **scarcely**, **barely**, and **always** are **adverbs** that are often found in the middle of a **verb phrase**, but they are **not** part of the **verb phrase**.

Chapter 2 Review - Part 2

Adverbs Modifying Adjectives and Other Adverbs -

Adverbs can also modify an **adjective** or another **adverb**. When an **adverb** modifies an **adjective** or an **adverb**, it usually comes directly before the word it modifies.

- Words such as **very**, **too**, **rather**, **so**, **quite**, **unusually**, **extremely**, and **especially** are commonly used as **adverbs of degree** to help describe **adjectives** or other **adverbs**.

Many **adverbs** are formed from **adjectives** or **nouns** by adding the ending **-ly**. Not all words that end in **-ly** are **adverbs**. Some **adjectives** end in **-ly**.

Prepositions - A **preposition** is a word that shows the **relationship** between the **noun** or **pronoun** that follows the **preposition** to another word in the sentence.
Prepositions are always part of a group of words called a **prepositional phrase**. A **prepositional phrase begins** with a **preposition** and **ends** with a **noun** or **pronoun**. The noun or pronoun is known as the **object of the preposition**.

Some words can be either a **preposition** or an **adverb**. A **preposition** always has an **object**, but an **adverb** does **not**.

Conjunctions - A **conjunction** joins **words** or **groups of words**.

- The **coordinating conjunctions** *and*, *but*, *or*, *nor*, and *yet* join **words**, **phrases**, or **sentences** that are **similar**.

- The **correlative conjunctions** *both…and*, *either…or*, *neither…nor*, and *not only…but also* work in pairs to join **words** or **groups of words**.

Interjections - An **interjection** is a word or phrase that expresses **feeling** or **emotion**.

- Some **interjections** express **mild** feelings or emotions. Use a **comma** after a **mild exclamation**.

- Some **interjections** express **strong** feelings or emotions. Use an **exclamation mark** after a **strong exclamation**.

Chapter 3

The Parts of a Sentence

3.1 Sentences

A **sentence** is a group of words that expresses a **complete thought**. A sentence **begins** with a **capital letter** and **ends** with a **punctuation mark**.

Dad's bicycle had a flat tire.

A **sentence** has a **subject** and a **predicate**. The **subject** tells **who** or **what** the sentence is about. The **predicate** tells what the subject **does** or **is** and always includes a **verb**. We will discuss **subjects** and **predicates** more in lessons 3.2 and 3.3.

Dad's bicycle │ had a flat tire.
       ↑   ↑
   Subject Area   **Predicate Area**

More examples:

Avery │ ate grapefruit.
  ↑   ↑
Subject **Predicate**
 Area   **Area**

The tired jogger │ stopped.
     ↑   ↑
   Subject   **Predicate**
    Area   **Area**

The music │ was loud.
    ↑   ↑
  Subject **Predicate**
   Area   **Area**

A **group of words** that does **not** have both a **subject** and a **predicate** is called a **fragment**. A **fragment** does **not** express a **complete thought**.

Was very easy.

The stars.

Arrived earlier.

The window.

In these examples, the groups of words are **fragments**. They do **not** express a complete thought.

To correct a **fragment**, simply add a **subject** to tell **who** or **what** the sentence is about or add a **predicate** to tell what the subject **does** or **is**.

Added a Subject: **The test** was very easy.

Added a Predicate: The stars **twinkled in the sky**.

Added a Subject: **My aunt** arrived earlier.

Added a Predicate: The window **was open**.

The four types of sentences are **statements**, **questions**, **commands**, and **exclamations**.

<u>Statements</u>

A **statement** is often called a **declarative sentence**. It **makes** a **statement** or **gives information**. Statements **end** with a **period**.

I am ready to leave**.**

Mary tied her shoe**.**

<u>Questions</u>

A **question** is often called an **interrogative sentence**. It **asks** for information. Questions **end** with a **question mark**.

Are you ready to leave**?**

Did Mary tie her shoe**?**

<u>Commands</u>

A **command** is often called an **imperative sentence**. It **gives** a **command** or **makes** a **request**. Commands **end** with a **period**.

Please get ready to leave**.**

Tie your shoe**.**

Exclamations

An **exclamation** is often called an **exclamatory sentence**. It **expresses strong feeling**. Exclamations **end** with an **exclamation mark**.

We need to leave now!

Your shoe is still untied!

Statements, **questions**, and **commands** often show **strong feelings**. You can turn these types of sentences into **exclamations** by changing the period or question mark to an **exclamation mark.**

Statement: He broke his arm!

Question: Is that a snake!

Command: Wait your turn!

3.2 Complete and Simple Subjects

The **subject** part of the sentence contains all of the words that tell **who** or **what** the sentence is about and can consist of several words or just one word. This is called the **complete subject**.

<u>**Many excited fans**</u> | have filled the stadium.
↑
**Complete
Subject**

<u>**She**</u> | sang.
↑
**Complete
Subject**

In these examples, the **complete subjects** are **many excited fans** and **she**.

The **simple subject** is the main word in the complete subject and is usually a **noun** or **pronoun**.

Many excited <u>**fans**</u> | have filled the stadium.
↑
**Simple
Subject**

<u>**She**</u> | sang.
↑
**Simple
Subject**

In these examples, the **simple subjects** are the noun **fans** and the pronoun **she**.

More examples:

That white house is my home.

Complete subject: That white house

Simple subject: house

Dad will rearrange the furniture.

Complete subject: Dad

Simple subject: Dad

My best friend plays violin.

Complete subject: My best friend

Simple subject: friend

He has been reading all day.

Complete subject: He

Simple subject: He

If the **simple subject** of a sentence is a **proper noun**, it may consist of more than one word.

My friend **<u>Maria Suarez</u>** teaches Spanish.
↑
Simple Subject

<u>Yellowstone National Park</u> is very popular.
↑
Simple Subject

The **subject** of a sentence is **never** found in a **prepositional phrase**. We discussed **prepositions** in lesson 2.7. A **prepositional phrase** does include a **noun**, but this noun (the **object** of the **preposition**) should **never** be confused with the **subject** of the sentence.

<u>One</u> *of the seats* broke.
↑   \   /
**Simple Prepositional
Subject   Phrase**

In this example, the **complete subject** is **one of the seats**, and the **simple subject** is **one**. The prepositional phrase **of the seats** describes the pronoun **one** and is part of the **complete subject**.

More examples:

<u>**Two**</u> *of the trees* need trimmed.

↑   \\   /

Simple Prepositional
Subject   Phrase

<u>**Everything**</u> *about the story* is exciting.

↑   \\   /

Simple   Prepositional
Subject   Phrase

The **subject** of a sentence usually comes before the **verb**. There are times, however, when this is not true. When a sentence **begins** with **here** or **there**, the **subject** comes **after** the **verb**. **Here** and **there** are never subjects.

There is your <u>**eraser**</u>.

↑

Simple Subject

In this example, the subject is **eraser**. **Eraser** follows the verb **is**. **There** is **not** the **subject**.

More examples:

Here are your <u>**keys**</u>.

↑

Simple Subject

There is the <u>**library**</u>.

↑

Simple Subject

3.3 Complete and Simple Predicates

The **predicate** part of the sentence contains all of the words that tell what the subject **does** or **is** and can consist of several words or just one word. This is called the **complete predicate**.

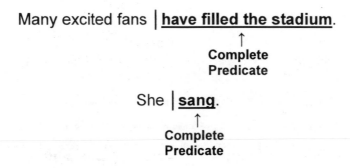

Many excited fans │ **have filled the stadium**.
↑
**Complete
Predicate**

She │ **sang**.
↑
**Complete
Predicate**

In these examples, the **complete predicates** are **have filled the stadium** and **sang**.

The **simple predicate** is the **verb** or **verb phrase** in the **complete predicate**.

Many excited fans │ **have filled** the stadium.
↑
**Simple
Predicate**

She │ **sang**.
↑
**Simple
Predicate**

In these examples, the **simple predicates** are the verb phrase **have filled** and the verb **sang**.

More examples:

That white house is my home.

Complete predicate: is my home

Simple predicate: is

Dad will rearrange the furniture.

Complete predicate: will rearrange the furniture

Simple predicate: will rearrange

My best friend plays violin.

Complete predicate: plays violin

Simple predicate: plays

He has been reading all day.

Complete predicate: has been reading all day

Simple predicate: has been reading

A **sentence diagram** is a simple way of dividing a
sentence into its basic parts.

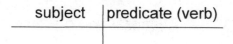

subject	predicate (verb)

In a sentence **diagram**, the **simple subject** and the
simple predicate (verb) are placed on a horizontal line
with the simple subject on the left and the simple
predicate on the right.

Many excited **fans** have filled the stadium.

fans	have filled

She sang.

She	sang

That white **house** is my home.

house	is

When diagramming a sentence, remember to **capitalize**
all words in the diagram as they are written in the
sentence.

3.4 Compound Subject and Compound Predicate

Often a sentence will have **two or more subjects** that share the same **verb** or **verb phrase**. This is called a **compound subject**. The **subjects** in a **compound subject** are **joined** by the conjunctions **and** or **or**.

Harper *and* **Danielle** <u>played</u> chess.

Brian, **James**, *or* **Ted** <u>will rake</u> the leaves.

In the first example, the **simple subjects** are **Harper** and **Danielle**. They are joined by the conjunction **and**. They share the verb **played**. In the second example, the **simple subjects** are **Brian**, **James**, and **Ted**. They are joined by the conjunction **or**. They share the verb phrase **will rake**.

More examples:

Mom *or* **Dad** <u>will read</u> the newspaper.

Baseball, **hockey**, *and* **football** <u>are</u> my favorite sports.

The **paper** *and* **pens** <u>fell</u> to the floor.

My **hat**, **gloves**, and **scarf** <u>are</u> warm.

Sentences with a **compound subject** are **diagrammed** like this:

Harper *and* **Danielle** <u>played</u> chess.

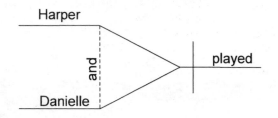

Mom *or* **Dad** <u>will read</u> the newspaper.

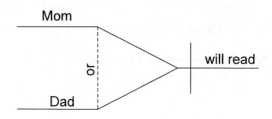

The **paper** *and* **pens** <u>fell</u> to the floor.

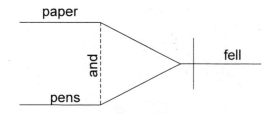

When a sentence has **more than two subjects**, one or more horizontal lines are added to the **subject** area. The **conjunction** is moved to the other side of the dotted line.

Brian, **James**, *or* **Ted** <u>will rake</u> the leaves.

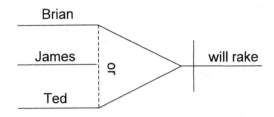

Baseball, **hockey**, *and* **football** <u>are</u> my favorite sports.

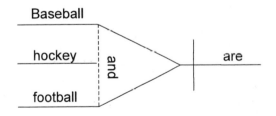

My **hat**, **gloves**, and **scarf** <u>are</u> warm.

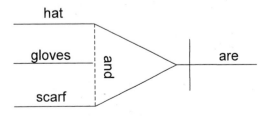

Just as a sentence can have a compound subject, it can also have a **compound predicate**. A **compound predicate** is **two or more verbs** that tell what the subject is doing. The **verbs** are usually **joined** by the conjunctions **and** or **or**.

The <u>crowd</u> **cheered** *or* **clapped**.

My <u>family</u> **hiked**, **fished**, *and* **camped**.

In the first example, the **simple predicates (verbs)** are **cheered** and **clapped**. They are joined by the conjunction **or**. They share the subject **crowd**. In the second example, the **simple predicates (verbs)** are **hiked**, **fished**, and **camped**. They are joined by the conjunction **and**. They share the subject **family**.

More examples:

The <u>children</u> **painted** *or* **made** crafts.

The <u>waves</u> **crashed**, **rolled**, *and* **splashed**.

<u>Diane</u> **plays** tennis *and* **swims**.

<u>Leo</u> **planted**, **watered**, *and* **trimmed** the bushes.

Sentences with a **compound predicate** are **diagrammed** like this:

The <u>crowd</u> **cheered** *or* **clapped**.

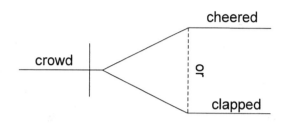

The <u>children</u> **painted** *or* **made** crafts.

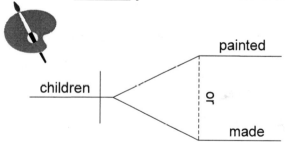

<u>Diane</u> **plays** tennis *and* **swims**.

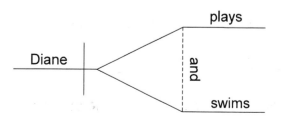

When a sentence has **more than two predicates**, one or more horizontal lines are added to the **predicate** area. The **conjunction** is moved to the other side of the dotted line.

My <u>family</u> **hiked**, **fished**, *and* **camped**.

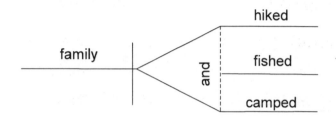

The <u>waves</u> **crashed**, **rolled**, *and* **splashed**.

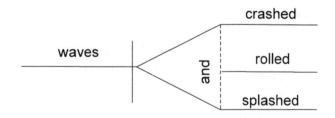

<u>Leo</u> **planted**, **watered**, *and* **trimmed** the bushes.

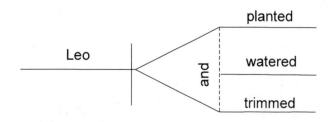

Sentences often have both a **compound subject** and a **compound predicate**.

Rob *and* Ellen **wrote** *and* **sang** songs.

In this example, the **compound subject** contains the nouns **Rob** and **Ellen**. The **compound predicate** contains the verbs **wrote** and **sang**.

Sentences with **both a compound subject** and a **compound predicate** are **diagrammed** like this:

Rob *and* Ellen **wrote** *and* **sang** songs.

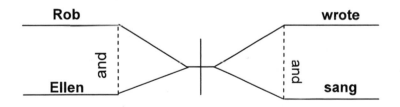

Harry *and* I **sanded** *and* **painted** the fence.

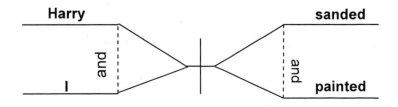

3.5 Compound Predicates and Helping Verbs

Sometimes, the multiple parts of a compound **predicate** share a **helping verb**. The way to determine if the **helping verb** is shared by both **verbs** is to use the **helping verb** with **both verbs** in the sentence to see if the sentence still makes sense.

My brother <u>**will**</u> **eat** or **sleep**.
↓
My brother <u>**will**</u> **eat** or <u>**will**</u> **sleep**.

In this example, the **helping verb** makes sense with both verbs.

When the multiple parts of the **compound predicate** share a **helping verb**, the helping verb is placed on the line after the vertical line that follows the subject area.

My brother <u>**will**</u> **eat** or **sleep**.

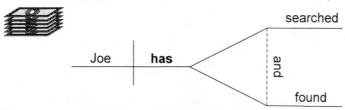

Joe <u>**has**</u> **searched** and **found** his money.

Sometimes, however, only **one** of the **verbs** requires the **helping verb**. Again, if you use the helping verb with both verbs in the sentence, you will see if the sentence makes sense.

Stephen <u>**was**</u> **running** and **fell**.
↓
Stephen <u>**was**</u> **running** and <u>**was**</u> **fell**.

In this example, the **helping verb** only makes sense with the first verb.

On the sentence **diagram**, the **helping verb** is placed on the predicate line with its corresponding verb.

Stephen <u>**was**</u> **running** and **fell**.

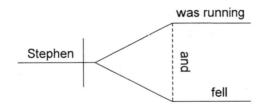

The girls <u>**were**</u> **hiding** and **screamed**.

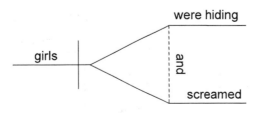

3.6 Subjects in Questions and Commands

In a **question**, the **verb** or part of the **verb phrase** may come before the **subject** making the **subject** difficult to identify.

Have you eaten?

To find the **subject** in a **question**, rephrase the **question** as a **statement**. This will place the **subject** before the **verb**.

Have you eaten?
↓
<u>You</u> **have eaten**.

The **subject** in this sentence is **you**. The **verb phrase** is **have eaten**.

More examples:

Has Jared arrived?
↓
<u>Jared</u> **has arrived**.

Did Miles read that book?
↓
<u>Miles</u> **did read** that book.

Diagram **questions** like this:

Have you eaten?
↓
<u>You</u> **have eaten**.

you	Have eaten

Did Miles read that book?
↓
<u>Miles</u> **did read** that book.

Miles	Did read

Should he have cleaned his room?
↓
<u>He</u> **should have cleaned** his room.

he	Should have cleaned

When **diagramming** a **question**, remember to **capitalize** all words in the diagram as they are written in the original **question**.

In a command, the subject is **you** even if the word **you** does **not** appear in the sentence. The **subject** is **understood** to be **you**. We say that the subject is **you understood**.

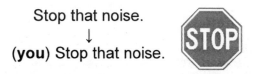

Stop that noise.
↓
(**you**) Stop that noise.

In this example, the **subject** is **you**. Even though **you** is **not** spoken or written, it is **understood**.

More examples:

Go outside.
↓
(**you**) Go outside.

Wait a second.
↓
(**you**) Wait a second.

Look at this.
↓
(**you**) Look at this.

Diagram **commands** like this:

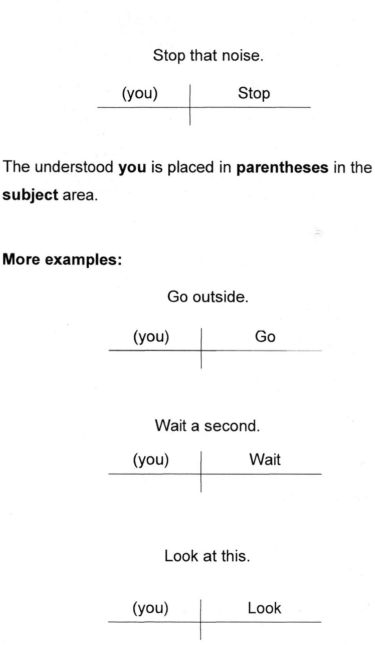

Stop that noise.

| (you) | Stop |

The understood **you** is placed in **parentheses** in the **subject** area.

More examples:

Go outside.

| (you) | Go |

Wait a second.

| (you) | Wait |

Look at this.

| (you) | Look |

3.7 Simple and Compound Sentences

A **simple sentence** has one **subject part** and **one predicate part**. It tells one complete thought.

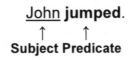

John jumped.
↑   ↑
Subject Predicate

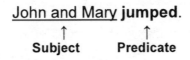

John and Mary jumped.
↑   ↑
Subject   Predicate

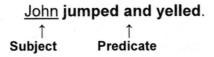

John jumped and yelled.
↑   ↑
Subject   Predicate

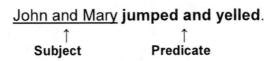

John and Mary jumped and yelled.
↑   ↑
Subject   Predicate

All of these examples are **simple sentences**. They each contain **one subject part** and **one predicate part**. Even though some of these sentences have a **compound subject** or a **compound predicate**, they are still **simple sentences**.

A **compound sentence** contains **two or more** related **simple sentences** that are **joined** by a **comma** and a **conjunction** such as **and**, **but**, or **or** (see lesson 2.8)

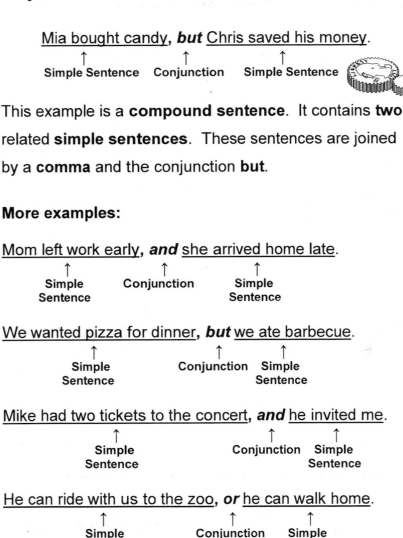

Mia bought candy, ***but*** Chris saved his money.
 ↑   ↑   ↑
Simple Sentence Conjunction Simple Sentence

This example is a **compound sentence**. It contains **two** related **simple sentences**. These sentences are joined by a **comma** and the conjunction **but**.

More examples:

Mom left work early, ***and*** she arrived home late.
 ↑   ↑   ↑
Simple Conjunction Simple
Sentence   Sentence

We wanted pizza for dinner, ***but*** we ate barbecue.
  ↑   ↑ ↑
Simple   Conjunction Simple
Sentence   Sentence

Mike had two tickets to the concert, ***and*** he invited me.
  ↑   ↑ ↑
Simple   Conjunction Simple
Sentence   Sentence

He can ride with us to the zoo, ***or*** he can walk home.
  ↑   ↑ ↑
Simple   Conjunction Simple
Sentence   Sentence

3.8 Diagramming Compound Sentences

To diagram a **compound sentence**, you must first diagram the **simple subject** and **simple predicate** of each **simple sentence**, one above the other.

Mia bought candy, **but** Chris saved his money.
   ↑   ↑   ↑   ↑
Simple Simple   **Simple Simple**
Subject Predicate   **Subject Predicate**

Mia	bought

Chris	saved

Next, a dotted line connects the two sentence diagrams on the left side.

Mia	bought
Chris	saved

Finally, the **conjunction** is placed on the dotted line.

but

Mia	bought
Chris	saved

More examples:

Mom left work early, *and* she arrived home late.

We wanted pizza for dinner, *but* we ate barbecue.

Mike had two tickets to the concert, *and* he invited me.

He can ride with us to the zoo, *or* he can walk home.

3.9 Run-On Sentences

A **run-on sentence** results when two or more sentences are combined **without** the proper **punctuation** to separate or join them.

Incorrect: It was cold I took the bus.

Sentence   Sentence

This example is a **run-on sentence**. It does **not** have proper punctuation to separate or join the two sentences.

One way to correct this **run-on sentence** is to separate the two simple sentences by using proper capitalization and correct ending **punctuation**.

Correct: It was cold. I took the bus.

Another way to correct a **run-on sentence** is to place a **comma** and a **coordinating conjunction** between the two simple sentences.

Correct: It was cold**, and** I took the bus.

More examples:

Incorrect: Max likes sweets his sister prefers fruit.

Correct: Max likes sweets. His sister prefers fruit.
-or-
Correct: Max likes sweets, **but** his sister prefers fruit.

Incorrect: Jay hit the baseball Beth caught it.

Correct: Jay hit the baseball. Beth caught it.
-or-
Correct: Jay hit the baseball, **and** Beth caught it.

Make sure when you add a **comma** that you also use a **coordinating conjunction**. A **compound sentence** that is joined only by a comma is incorrect. This is called a **comma splice**. You need **both** a **comma** and a **conjunction**.

Comma Splice: It was cold, I took the bus.

Correct: It was cold, **and** I took the bus.

More examples:

Comma
Splice: Max likes sweets, his sister prefers fruit.

Correct: Max likes sweets, **but** his sister prefers fruit.

Comma
Splice: Jay hit the baseball, Beth caught it.

Correct: Jay hit the baseball, **and** Beth caught it.

3.10 Direct Objects

In a sentence, the **noun** or **pronoun** that receives the **action** of the **verb** is called the **direct object**. Only **action** verbs can have **direct objects**. We call a verb that transfers its action a **transitive verb**. We will discuss **intransitive verbs** in lesson 3.12.

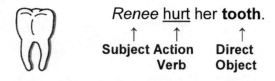

Renee <u>hurt</u> her **tooth**.
   ↑   ↑   ↑
Subject Action   Direct
       Verb   Object

To identify the **direct object**, say the **subject** and **verb** followed by **what** or **whom**.

Renee hurt **what** or **whom**? The noun **tooth** is the **direct object** because it tells **what** Renee **hurt**.

More examples:

Susan <u>hugged</u> her **sister**.

↑   ↑   ↑
Subject Action   Direct
        Verb   Object

Shakira <u>plays</u> the **trumpet**.
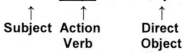
↑   ↑   ↑
Subject Action   Direct
       Verb   Object

A sentence with a **direct object** is diagrammed like this:

subject	action verb	**direct object**

The **subject**, **action verb**, and **direct object** are placed on the same line. The **direct object** is separated from the **action verb** by a short, vertical line that does not break through the horizontal line.

Examples:

Renee hurt her tooth.

Renee	hurt	**tooth**

Susan hugged her sister.

Susan	hugged	**sister**

Shakira and Karl play the trumpet.

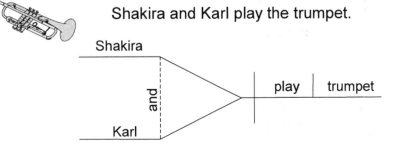

3.11 Compound Direct Objects

A sentence may have more than one **direct object**. This is called a **compound direct object**.

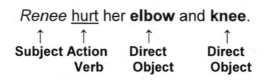

Renee hurt **what** or **whom**? The nouns **elbow** and **knee** are the **direct objects** because they tell **what** Renee **hurt**.

More examples:

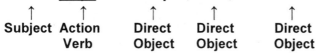

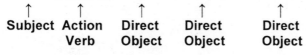

To **diagram** a sentence with more than one **direct object**, you place the **direct objects** after the short vertical line on two or three horizontal lines, one above the other, joined by diagonal lines. The **conjunction** is written on a dotted line that connects the **direct object** lines. Notice that the **conjunction** is moved to the other side of the dotted line when there are more than two **direct objects**.

Here is how a sentence with two **direct objects** is **diagrammed**:

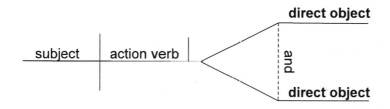

Here is how a sentence with three **direct objects** is **diagrammed**:

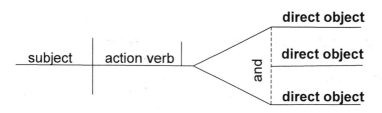

More examples:

Renee hurt her **elbow** and **knee**.

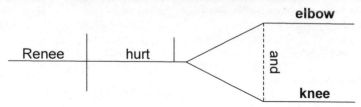

Susan hugged her **sister** and **brother**.

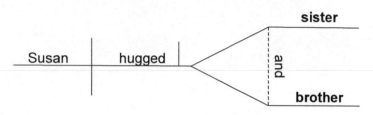

Shakira plays the **trumpet**, **flute**, and **oboe**.

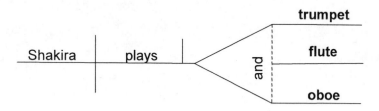

Marco ordered **chicken**, **salad**, and **cake** for dinner.

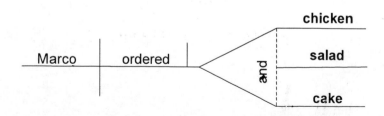

3.12 Intransitive Verbs

Often a verb will **not** have a **direct object**. A **verb** that does **not** have an **object** is called an **intransitive verb**.

The fire **burned**.
↑
Action
Verb

The fire burned **what** or **whom**? This question **cannot** be answered. There is no **noun** or **pronoun** that follows the **verb**. The **action** is **not** transferred. This sentence does **not** have a **direct object**.

More examples:

The dog **barked**.
↑
Action Verb

The band **practiced**.
↑
Action Verb

Charlise **screamed**.
↑
Action Verb

The children **ate**.
↑
Action Verb

Often the **verb** is **followed** by an **adverb** or a **prepositional phrase**.

She ran quickly.

The book fell on the floor.

She ran **what** or **whom**? The book fell **what** or **whom**? These question **cannot** be answered. In the first example, **quickly** is **not** a **direct object** because it does **not** receive the **action** of the verb **ran**. Instead, it tells **how** she **ran**. Therefore, **quickly** is an **adverb**. In the second example, **floor** is **not** a **direct object** because it does **not** receive the **action** of the verb **fell**. Instead, it follows the preposition **on** and is the **object** of the prepositional phrase **on the floor** (see lesson 2.7).

More examples:

The dog **barked** *loudly*.
(**Loudly** is an **adverb** that tells **how** about the verb **barked**.)

The band **practiced** *yesterday*.
(**Yesterday** is an **adverb** that tells **when** about the verb **practiced**.)

Charlise **screamed** *during the movie*.
(**During the movie** is a **prepositional phrase**. The noun **movie** is the **object of the preposition**.)

The children **ate** *beneath the tree*.
(**Beneath the tree** is a **prepositional phrase**. The noun **tree** is the **object of the preposition**.)

Chapter 3 Review - Part 1

<u>Sentences</u> - A **sentence** is a group of words that expresses a **complete thought**. A sentence **begins** with a **capital letter** and **ends** with a **punctuation mark**. A **sentence** has a **subject** and a **predicate**.

   A **group of words** that does **not** have both a **subject** and a **predicate** is called a **fragment**. A **fragment** does **not** express a **complete thought**. To correct a **fragment**, simply add a **subject** to tell **who** or **what** the sentence is about or add a **predicate** to tell what the subject **does** or **is**.

- A **statement** is often called a **declarative sentence**. It **makes** a **statement** or **gives information**. Statements **end** with a **period**.
- A **question** is often called an **interrogative sentence**. It **asks** for information. Questions **end** with a **question mark**.
- A **command** is often called an **imperative sentence**. It **gives** a **command** or **makes** a **request**. Commands **end** with a **period**.
- An **exclamation** is often called an **exclamatory sentence**. It **expresses strong feeling**. Exclamations **end** with an **exclamation mark**.

- **Statements**, **questions**, and **commands** often show **strong feelings**. You can turn these types of sentences into **exclamations** by changing the period or question mark to an **exclamation mark.**

Complete and Simple Subjects - The **subject** part of the sentence contains all of the words that tell **who** or **what** the sentence is about and can consist of several words or just one word. This is called the **complete subject**. The **simple subject** is the main word in the complete subject and is usually a **noun** or **pronoun**. If the **simple subject** of a sentence is a **proper noun**, it may consist of more than one word. The **subject** of a sentence is **never** found in a **prepositional phrase**.

   The **subject** of a sentence usually comes before the **verb**. There are times, however, when this is not true. For example, when a sentence **begins** with **here** or **there**, the **subject** comes **after** the **verb**. **Here** and **there** are never subjects.

Complete and Simple Predicates - The **predicate** part of the sentence contains all of the words that tell what the subject **does** or **is** and can consist of several words or just one word. This is called the **complete predicate**.

The **simple predicate** is the **verb** or **verb phrase** in the **complete predicate**.

A **sentence diagram** is a simple way of dividing a sentence into its basic parts.

subject | predicate (verb)
------- |

In a sentence **diagram**, the **simple subject** and the **simple predicate** (**verb**) are placed on a horizontal line with the simple subject on the left and the simple predicate on the right.

<u>Compound Subject and Compound Predicate</u> - Often a sentence will have **two or more subjects** that share the same **verb** or **verb phrase**. This is called a **compound subject**. **Compound subjects** are **joined** by the conjunctions **and** or **or**.

Sentences with a **compound subject** are **diagrammed** like this:

Harper *and* **Danielle** <u>played</u> checkers.

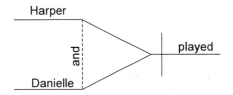

When a sentence has **more than two subjects**, one or more horizontal lines are added to the **subject** area. The **conjunction** is moved to the other side of the dotted line.

Brian, **James**, *or* **Ted** <u>will rake</u> the leaves.

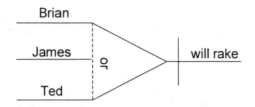

Just as a sentence can have a compound subject, it can have a **compound predicate**. A **compound predicate** is **two or more verbs** that tell what the subject is doing. The **verbs** are usually **joined** by the conjunctions **and** or **or**.

Sentences with a **compound predicate** are **diagrammed** like this:

The <u>crowd</u> **cheered** *or* **clapped**.

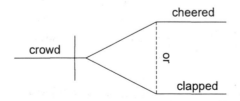

When a sentence has **more than two predicates**, one or more horizontal lines are added to the **predicate** area. The **conjunction** is moved to the other side of the dotted line.

My <u>family</u> **hiked**, **fished**, *and* **camped**.

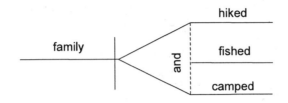

Sentences often have both a **compound subject** and a **compound predicate**. Sentences with **both a compound subject** and a **compound predicate** are **diagrammed** like this:

<u>Rob</u> *and* <u>Ellen</u> **wrote** *and* **sang** songs.

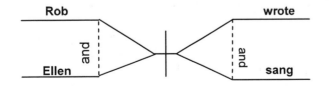

Compound Predicates and Helping Verbs -

Sometimes, the multiple parts of a compound **predicate** share a **helping verb**. The way to determine if the

helping verb is shared by both **verbs** is to use the **helping verb** with **both verbs** in the sentence to see if the sentence still makes sense.

When the multiple parts of the **compound predicate** share a **helping verb**, the helping verb is placed on the line after the vertical line that follows the subject area.

My brother **will** **eat** or **sleep**.

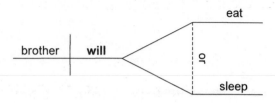

Sometimes, however, only **one** of the **verbs** requires the **helping verb**. Again, if you use the helping verb with both verbs in the sentence, you can see if the sentence makes sense.

On the sentence **diagram**, the **helping verb** is placed on the predicate line with its corresponding verb.

Stephen **was** **running** and **fell**.

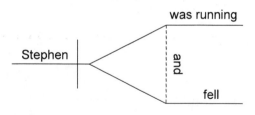

Subjects in Questions and Commands - In a **question**, the **verb** or part of the **verb phrase** may come before the **subject** making the **subject** difficult to identify. To find the **subject** in a **question**, rephrase the **question** as a **statement**. This will place the **subject** before the **verb**.

Questions are **diagrammed** like this:

Have you eaten?   →   <u>You</u> **have eaten**.

you	Have eaten

In a command, the subject is **you** even if the word **you** does **not** appear in the sentence. The **subject** is **understood** to be **you**. We say that the **subject** is **you understood**.

Commands are **diagrammed** like this:

Stop that noise.

(you)	Stop

The understood **you** is placed in **parentheses** in the **subject** area.

Chapter 3 Review - Part 2

Simple and Compound Sentences - A **simple sentence** has **one subject part** and **one predicate part**. It tells one complete thought.

A **compound sentence** contains **two or more** related **simple sentences** that are **joined** by a **comma** and a **conjunction** such as **and**, **but**, or **or**.

Diagramming Compound Sentences - To diagram a **compound sentence**, you must first diagram the **simple subject** and **simple predicate** of each **simple sentence**, one above the other. Next, a dotted line connects the two sentence diagrams on the left side. Finally, the **conjunction** is placed on the dotted line.

Mia bought candy, *but* Chris saved his money.

Run-On Sentences - A **run-on sentence** results when two or more sentences are combined **without** proper **punctuation** to separate or join them.

One way to correct a **run-on sentence** is to separate the two simple sentences by using proper **capitalization** and correct ending **punctuation**.

Another way to correct a **run-on sentence** is to place a **comma** and a **coordinating conjunction** between the two simple sentences.

Make sure when you add a **comma** that you also use a **coordinating conjunction** with it. A **compound sentence** that is joined only by a comma is incorrect. This is called a **comma splice**. You need **both** a **comma** and a **conjunction**.

Direct Objects - In a sentence, the **noun** or **pronoun** that receives the **action** of the **verb** is called the **direct object**. Only **action verbs** can have **direct objects**. We call a **verb** that **transfers** its action a **transitive verb**.

A sentence with a **direct object** is diagrammed like this:

subject	action verb	**direct object**

Compound Direct Objects - A sentence may have more than one **direct object**. This is called a **compound direct object**. To **diagram** a sentence with more than one **direct object**, you place the **direct objects** after the short vertical line on two or three horizontal lines, one above the other, joined by diagonal lines. The **conjunction** is written on a dotted line that connects the **direct object** lines. Notice that the **conjunction** is moved to the other side of the dotted line when there are more than two **direct objects**.

Here is how a sentence with two **direct objects** is **diagrammed**:

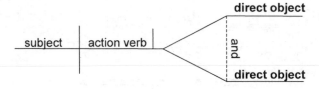

Here is how a sentence with three **direct objects** is **diagrammed**:

<u>**Intransitive Verbs**</u> - Often a verb will **not** have a **direct object**. A **verb** that does **not** have an **object** is called an **intransitive verb**. Often the **intransitive verb** is **followed** by an **adverb** or a **prepositional phrase**.

Chapter 4

The Parts of a Sentence Part 2

4.1 Indirect Objects

An **indirect object** is a **noun** or **pronoun** that comes before the **direct object**. It tells **to whom** or **for whom** the **action** of the **verb** is done. A sentence **cannot** have an **indirect object** unless it has a **direct object**.

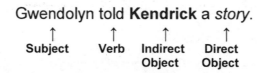

Gwendolyn told **Kendrick** a *story*.
  ↑   ↑   ↑   ↑
Subject   Verb   Indirect   Direct
                   Object   Object

In this example, the **subject** is **Gwendolyn**, the **verb** is **told**, and the **direct object** is **story**. Remember, the **direct object** receives the **action** of the **verb**. Gwendolyn **told** what? **Told** a **story**. The word **Kendrick** is the **indirect object**. It tells **to whom** the **story** is **told**. If you identify the **direct object** first, then the **indirect object** will be easier to find.

More examples:

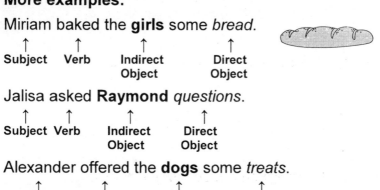

Miriam baked the **girls** some *bread*.
 ↑   ↑   ↑   ↑
Subject Verb   Indirect   Direct
                Object   Object

Jalisa asked **Raymond** *questions*.
 ↑   ↑   ↑   ↑
Subject Verb   Indirect   Direct
               Object   Object

Alexander offered the **dogs** some *treats*.
  ↑   ↑   ↑   ↑
Subject   Verb   Indirect   Direct
                     Object   Object

An **indirect object** never follows a **preposition** such as **to** or **for** in a sentence. If it does follow a **preposition**, it is the **object of the preposition** and not an **indirect object**.

Indirect object: Gwendolyn told **Kendrick** a story.

In this example, the word **Kendrick** is an **indirect object**.

Object of the Preposition: Gwendolyn told a story <u>to</u> **Kendrick**.

In this example, the word **Kendrick** follows **preposition** and is **not** an **indirect object**. It is the **object** of the preposition **to** (see lesson 2.7).

More examples:

Indirect Object: Miriam baked the **girls** some *bread*.

Object of the Preposition: Miriam baked some bread <u>for</u> the **girls**.

Indirect Object: Jalisa asked **Raymond** *questions*.

Object of the Preposition: Jalisa asked questions <u>of</u> **Raymond**.

4.2 Diagramming an Indirect Object

Diagram an **indirect object** by placing it on a horizontal line below the **verb**. Connect it to the verb with a diagonal line.

Gwendolyn told **Kendrick** a *story*.

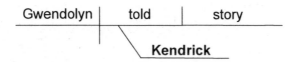

Miriam baked the **girls** some *bread*.

Jalisa asked **Raymond** *questions*.

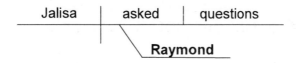

Alexander offered the **dogs** some *treats*.

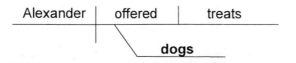

4.3 Compound Indirect Object

Some sentences have more than one **indirect object**.
This is called a **compound indirect object**.

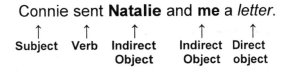

Connie sent **Natalie** and **me** a *letter*.
Subject   Verb   Indirect   Indirect   Direct
                   Object   Object   object

In this example, the **subject** is **Connie**, the **verb** is **sent**,
and the **direct object** is **letter**. Remember, the **direct
object** receives the **action** of the **verb**. **Sent** what? **Sent
a letter**. The words **Natalie** and **me** are the **indirect
objects**. They tell **to whom** the **letter** is **sent**.

More examples:

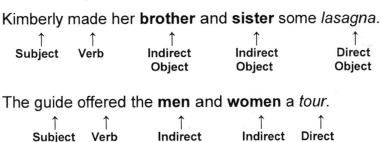

Kimberly made her **brother** and **sister** some *lasagna*.
Subject   Verb   Indirect   Indirect   Direct
                   Object   Object   Object

The guide offered the **men** and **women** a *tour*.
Subject   Verb   Indirect   Indirect   Direct
                   Object   Object   Object

Brandon showed **Lucia** and **me** a gold *coin*.
Subject   Verb   Indirect   Indirect   Direct
                   Object   Object   Object

A **compound indirect object** is **diagrammed** by placing the **indirect objects** on two horizontal lines below the **verb**, one above the other, joined by diagonal lines. This is connected to the **verb** by a diagonal line. The **conjunction** is written on a dotted line that connects the two **indirect object** lines.

Connie sent **Natalie** and **me** a *letter.*

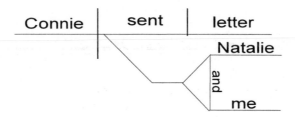

Kimberly made her **brother** and **sister** some *lasagna.*

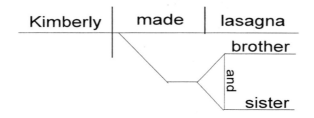

The guide offered the **men** and **women** a *tour*.

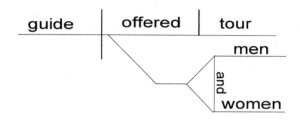

Brandon showed **Lucia** and **me** a gold *coin*.

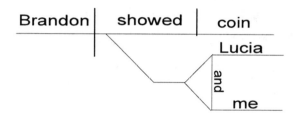

4.4 Predicate Nominatives

A **predicate nominative** is a **noun** or **pronoun** that follows a **linking verb** and **renames** or **identifies** the **subject** of the sentence.

That *building* <u>is</u> a **theater**.

      ↑   ↑   ↑

Subject Linking Predicate
Verb   Nominative

In this example, the noun **theater** follows the linking verb **is** and renames the subject **building**. **Theater** is a **predicate nominative** in this sentence.

More examples:

Megan <u>was</u> a **gymnast**.

↑   ↑   ↑

Subject Linking Predicate
Verb   Nominative

My *uncle* <u>is</u> a **rancher**.

↑   ↑   ↑

Subject Linking Predicate
Verb   Nominative

Roscoe <u>was</u> a happy **puppy**.

↑   ↑   ↑

Subject Linking   Predicate
Verb   Nominative

Remember, a **direct object** is a **noun** or **pronoun** that follows an **action verb**, but a **predicate nominative** is a **noun** or **pronoun** that follows a **linking verb**.

On a sentence **diagram**, the **predicate nominative** is placed on the same line with the **subject** and **linking verb**. It is separated from the linking verb by a short diagonal line that does not break through the horizontal line.

That building is a **theater**.

| building | is | theater |

Megan was a **gymnast**.

| Megan | was | gymnast |

My uncle is a **rancher**.

| uncle | is | rancher |

Roscoe was a happy **puppy**.

| Roscoe | was | puppy |

Sometimes a sentence has more than one **predicate nominative**. This is called a **compound predicate nominative**.

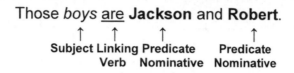

Those *boys* are **Jackson** and **Robert**.

In this example, the nouns **Jackson** and **Robert** follow the linking verb **are** and rename the subject **boys**. **Jackson** and **Robert** are **predicate nominatives** in this sentence. They make a **compound predicate nominative**.

More examples:

My *uncle* is a **carpenter** and an **architect**.

The *winners* were **Darnell** and **Melissa**.

Our *snack* was **cheese** and **crackers**.

On a sentence **diagram**, the **nouns** of a **compound predicate nominative** are placed after the diagonal line on two horizontal lines, one above the other, joined by diagonal lines. The **conjunction** is written on a dotted line that connects the **predicate nominative** lines.

Those boys are **Jackson** and **Robert**.

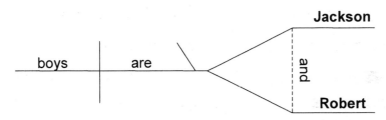

My uncle is a **carpenter** and an **architect**.

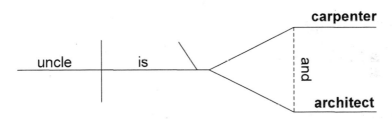

The winners were **Darnell** and **Melissa**.

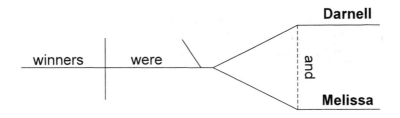

4.5 Predicate Adjectives

A **predicate adjective** follows a **linking verb** and describes the **subject** of the sentence.

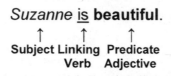

Suzanne <u>is</u> **beautiful**.
  ↑   ↑   ↑
Subject Linking Predicate
        Verb   Adjective

In this example, the adjective **beautiful** follows the linking verb **is** and describes the subject **Suzanne**. **Beautiful** is a **predicate adjective** in this sentence.

More examples:

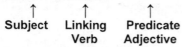

Angelica <u>looks</u> **exhausted**.
  ↑   ↑   ↑
Subject Linking   Predicate
       Verb   Adjective

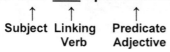

The *view* <u>was</u> **spectacular**.
   ↑   ↑   ↑
Subject Linking   Predicate
       Verb   Adjective

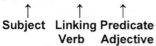

The *blanket* <u>feels</u> **warm**.
   ↑   ↑   ↑
Subject Linking Predicate
       Verb   Adjective

On a sentence **diagram**, the **predicate adjective** is placed on the same line with the **subject** and **linking verb**. It is separated from the linking verb by a short diagonal line that does not break through the horizontal line.

Suzanne is **beautiful**.

| Suzanne | is | \ beautiful |

Angelica <u>looks</u> **exhausted**.

| Angelica | looks | \ exhausted |

The *view* <u>was</u> **spectacular**.

| view | was | \ spectacular |

The *blanket* <u>feels</u> **warm**.

| blanket | feels | \ warm |

Notice that a **predicate adjective** and a **predicate nominative** are **diagrammed** the same way.

Often a sentence has more than one **predicate adjective**. This is called a **compound predicate adjective**.

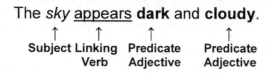

The *sky* <u>appears</u> **dark** and **cloudy**.

| Subject | Linking Verb | Predicate Adjective | Predicate Adjective |

In this example, the adjectives **dark** and **cloudy** follow the linking verb **appears** and describe the subject **sky**. **Dark** and **cloudy** are **predicate adjectives** in this sentence. They make a **compound predicate adjective**.

More examples:

The *roads* <u>are</u> **slippery** and **dangerous**.

| Subject | Linking Verb | Predicate Adjective | Predicate Adjective |

The *lemonade* <u>tastes</u> **sweet** and **delicious**.

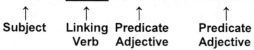

| Subject | Linking Verb | Predicate Adjective | Predicate Adjective |

The *children* <u>were</u> **hungry** and **tired**.

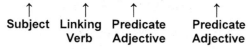

| Subject | Linking Verb | Predicate Adjective | Predicate Adjective |

On a sentence **diagram**, the **adjectives** of a **compound predicate adjective** are placed after the diagonal line on two horizontal lines, one above the other, joined by diagonal lines. The **conjunction** is written on a dotted line that connects the **predicate adjective** lines.

The sky appears **dark** and **cloudy**.

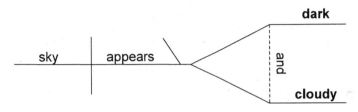

The roads are **slippery** and **dangerous**.

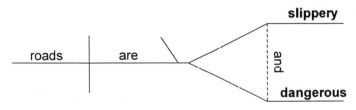

The lemonade tastes **sweet** and **delicious**.

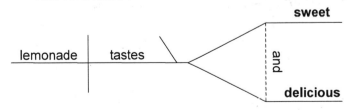

Again, notice that a **compound predicate adjective** and a **compound predicate nominative** are **diagrammed** the same way.

4.6 Diagramming Adjectives

Remember, an **adjective** modifies or describes a **noun** or a **pronoun** in a sentence.

The **cute**, **brown** <u>bird</u> ate a **juicy** <u>worm</u>.

In this example, the words **cute** and **brown** are **adjectives** describing the noun **bird**. The word **juicy** is an **adjective** describing the noun **worm**.

On a sentence diagram, place each **adjective** on a slanted line beneath the **subject**, **direct object**, **indirect object**, or **predicate noun** it describes.

The cute, brown bird ate a juicy worm.

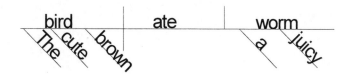

The first waitress brought this delicious cookie.

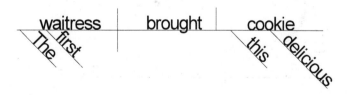

Miriam baked the girls some delicious bread.

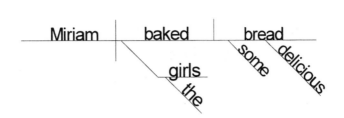

Mom or Dad read the lengthy newspaper.

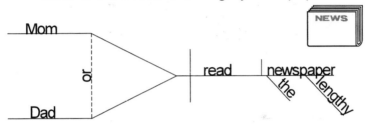

Baseball, hockey, and football are my favorite sports.

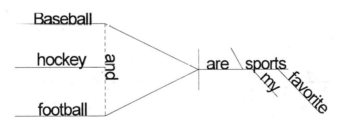

Mike bought two great tickets, and he invited Stacey.

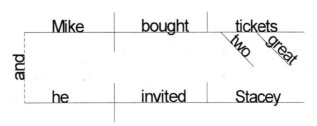

Like other **adjectives**, diagram **appositive adjectives** under the **noun** they modify. The **conjunction** is placed on a dotted line that connects the two **adjectives**.

Jessica's <u>hair</u>, **long** and **silky**, reflected the light.

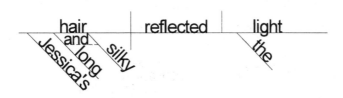

The hot <u>fire</u>, **large** *and* **bright**, warmed the small room.

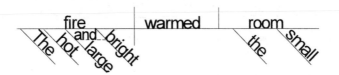

The <u>lion</u>, **hungry** *but* **determined**, stalked its prey.

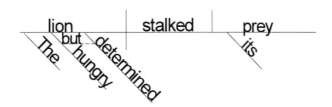

The <u>wind</u>, **loud** *and* **howling**, scared the children.

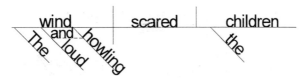

4.7 Diagramming Adverbs

Remember, an **adverb** is a word that describes a **verb**, an **adjective**, or another **adverb**.

An **adverb** that modifies a **verb** is **diagrammed** on a slanted line under the **verb** it describes.

Quickly Kristin cooked dinner.

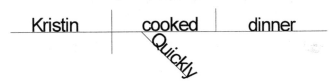

How did you know?

Why did you clean earlier?

He did not understand the question.

4.8 Diagramming Adverbs That Modify Adjectives

An **adverb** that modifies an **adjective** is **diagrammed** beneath the **adjective** it modifies.

Joseph is an unusually good pitcher.

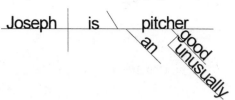

Molly is an especially careful person.

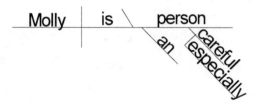

Kadeem seems very shy.

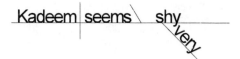

Kristin cooked an extremely delicious dinner.

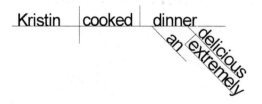

4.9 Diagramming Adverbs That Modify Other Adverbs

An **adverb** that modifies another **adverb** is **diagrammed** beneath the **adverb** it modifies.

Kristin very quickly cooked dinner.

Joseph pitches unusually well.

Molly walks especially slowly.

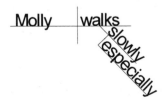

Kadeem very recently cleaned.

Chapter 4 Review - Part 1

Indirect Object - An **indirect object** is a **noun** or **pronoun** that comes before the **direct object**. It tells **to whom** or **for whom** the **action** of the **verb** is done. A sentence **cannot** have an **indirect object** unless it has a **direct object**.

An **indirect object** never follows a **preposition** such as **to** or **for** in a sentence. If it does follow a **preposition**, it is the **object of the preposition** and not an **indirect object**.

Diagramming an Indirect Object - An **indirect object** is **diagrammed** by placing it on a horizontal line below the **verb** and is connected to the verb by a diagonal line.

Gwendolyn told **Kendrick** a story.

| Gwendolyn | told | story |

Kendrick

Compound Indirect Object - Some sentences have more than one **indirect object**. This is called a **compound indirect object**.

A **compound indirect object** is **diagrammed** by placing the **indirect objects** on two horizontal lines below the **verb**, one above the other, joined by diagonal lines. This is connected to the **verb** by a diagonal line. The **conjunction** is written on a dotted line that connects the two **indirect object** lines.

Connie sent **Natalie** and **me** a *letter*.

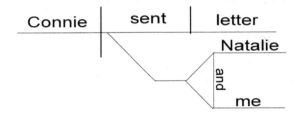

Predicate Nominatives - A **predicate nominative** is a **noun** or **pronoun** that follows a **linking verb** and **renames** or **identifies** the **subject** of the sentence.

On a sentence **diagram**, the **predicate nominative** is placed on the same line with the **subject** and **linking verb**. It is separated from the linking verb by a short diagonal line that does not break through the horizontal line.

That building is a **library**.

| building | is \ | **library** |

Sometimes a sentence has more than one **predicate nominative**. This is called a **compound predicate nominative**. On a sentence **diagram**, the **nouns** of a **compound predicate nominative** are placed after the diagonal line on two horizontal lines, one above the other, joined by diagonal lines. The **conjunction** is written on a dotted line that connects the **predicate nominative** lines.

Those boys are **Jackson** and **Robert**.

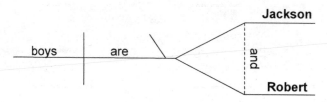

Predicate Adjectives - A **predicate adjective** follows a **linking verb** and describes the **subject** of the sentence.

On a sentence **diagram**, the **predicate adjective** is placed on the same line with the **subject** and **linking verb**. It is separated from the linking verb by a short diagonal line that does not break through the horizontal line.

Suzanne is **beautiful**.

Suzanne | is \ beautiful

Often a sentence has more than one **predicate adjective**. This is called a **compound predicate adjective**.

On a sentence **diagram**, the **adjectives** of a **compound predicate adjective** are placed after the diagonal line on two horizontal lines, one above the other, joined by diagonal lines. The **conjunction** is written on a dotted line that connects the **predicate adjective** lines.

The sky appears **dark** and **cloudy**.

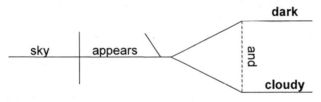

Chapter 4 Review - Part 2

Diagramming Adjectives - On a sentence diagram, each **adjective** is placed on a slanted line beneath the **subject**, **direct object**, **indirect object**, or **predicate noun** it describes.

The cute, brown bird ate a juicy worm.

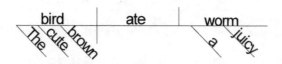

Like other **adjectives**, diagram **appositive adjectives** under the **noun** they modify. The **conjunction** is placed on a dotted line that connects the two **adjectives**.

Jessica's <u>hair</u>, **long** and **silky**, reflected the light.

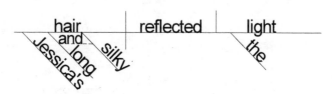

Diagramming Adverbs - An **adverb** that modifies a **verb** is **diagrammed** on a slanted line under the **verb** it describes.

Kristin quickly cooked dinner.

Diagramming Adverbs That Modify Adjectives -An **adverb** that modifies an **adjective** is **diagrammed** beneath the **adjective** it modifies.

Joseph is an unusually good pitcher.

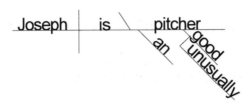

Diagramming Adverbs That Modify Other Adverbs -An **adverb** that modifies another **adverb** is **diagrammed** beneath the **adverb** it modifies.

Molly walks especially slowly.

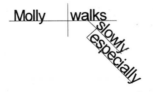

Chapter 5

The Correct Use of Verbs, Pronouns, and Modifiers

5.1 Principle Parts of Regular Verbs

Each verb has **four** basic forms to help express **tense** (time). These are called the **principle parts** of a **verb**. The **four principle parts** are the **present**, the **present participle**, the **past**, and the **past participle**.

The list below shows the **principle parts** of the verbs **paint**, **hurry**, **grab**, and **race**.

Present:	paint
	hurry
	grab
	race
Present Participle:	*(is)* painting
	(is) hurrying
	(is) grabbing
	(is) racing
Past:	painted
	hurried
	grabbed
	raced
Past Partciple:	*(have)* painted
	(have) hurried
	(have) grabbed
	(have) raced

For regular verbs, the **present participle** is formed by adding **-ing** to the **present tense**. When you add -ing to a **verb**, be sure to change the spelling when necessary. The **present participle** requires a **helping verb** such as **am, is**, or **are**.

Present: I **paint** the fence.

Present Participle: I *am* **paint<u>ing</u>** the fence.
                                    ↑
                               Helping Verb

More examples:

Present: We **hurry** to the park.

Present Participle: We *are* **hurry<u>ing</u>** to the park.
                                       ↑
                                  Helping Verb

Present: Kyle **grabs** a peach.

Present Participle: Kyle *is* **grabb<u>ing</u>** a peach.
                                       ↑
                                  Helping Verb

Present: They **race** around the track.

Present Participle: They *are* **rac<u>ing</u>** around the track.
                                        ↑
                                   Helping Verb

The **past** is formed by adding **-ed** or **-d** to the **present tense** of **regular** verbs. When you add **-ed** or **-d** to a **verb**, be sure to change the spelling when necessary.

Present: I **paint** the fence.

Past: I **paint<u>ed</u>** the fence.

More examples:

Present: We **hurry** to the park.

Past: We **hurr<u>ied</u>** to the park.

Present: Kyle **grabs** a peach.

Past: Kyle **grab<u>bed</u>** a peach.

Present: They **race** around the track.

Past: They **rac<u>ed</u>** around the track.

The **past participle** is formed when a **helping verb** such as **have** or **has** is added to the **past tense**.

Past: I **painted** the fence.

Past
Partciple: I *have* **painted** the fence.
                              ↑
                          Helping
                          Verb

More examples:

Past: We **hurried** to the park.

Past
Partciple: We *have* **hurried** to the park.
                    ↑
                 Helping
                 Verb

Past: Kyle **grabbed** a peach.

Past
Partciple: Kyle *has* **grabbed** a peach.
                    ↑
                 Helping
                 Verb

Past: They **raced** around the track.

Past
Partciple: They *have* **raced** around the track.
                    ↑
                 Helping
                 Verb

Present	Present Participle (needs helping verb)	Past	Past Participle (needs helping verb)
play	(is) playing	played	(have) played
talk	(is) talking	talked	(have) talked
cover	(is) covering	covered	(have) covered
lift	(is) lifting	lifted	(have) lifted
visit	(is) visiting	visited	(have) visited
open	(is) opening	opened	(have) opened
finish	(is) finishing	finished	(have) finished
call	(is) calling	called	(have) called

Remember, there are some **spelling** changes that will be necessary when forming the **principle parts** of certain **verbs**. Some **verbs** need the final **e** dropped when forming the **present participle**.

Present	Present Participle (needs helping verb)	Past	Past Participle (needs helping verb)
create	(is) creating	created	(have) created
hope	(is) hoping	hoped	(have) hoped
prove	(is) proving	proved	(have) proved
bake	(is) baking	baked	(have) baked
move	(is) moving	moved	(have) moved
hike	(is) hiking	hiked	(have) hiked
love	(is) loving	loved	(have) loved
save	(is) saving	saved	(have) saved

Some **verbs** need the **y** changed to **i** when forming the **past** and **past participle**.

Present	Present Participle (needs helping verb)	Past	Past Participle (needs helping verb)
cry	(is) crying	cried	(have) cried
try	(is) trying	tried	(have) tried
carry	(is) carrying	carried	(have) carried
worry	(is) worrying	worried	(have) worried
tidy	(is) tidying	tidied	(have) tidied
study	(is) studying	studied	(have) studied
copy	(is) copying	copied	(have) copied

Some **verbs** need the **final consonant doubled** when forming the **present participle**, **past**, and **past participle**.

Present	Present Participle (needs helping verb)	Past	Past Participle (needs helping verb)
stop	(is) stopping	stopped	(have) stopped
clip	(is) clipping	clipped	(have) clipped
step	(is) stepping	stepped	(have) stepped
hop	(is) hopping	hopped	(have) hopped
wrap	(is) wrapping	wrapped	(have) wrapped
slip	(is) slipping	slipped	(have) slipped
jog	(is) jogging	jogged	(have) jogged
trip	(is) tripping	tripped	(have) tripped

5.2 Principle Parts of Irregular Verbs

An **irregular verb** is one that does **not** form its **past** and **past participle** by adding **-ed**.

Some have the same **past** and **past participle**.

Present	Present Participle (needs helping verb)	Past	Past Participle (needs helping verb)
build	(is) building	built	(have) built
catch	(is) catching	caught	(have) caught
feel	(is) feeling	felt	(have) felt
fight	(is) fighting	fought	(have) fought
find	(is) finding	found	(have) found
hold	(is) holding	held	(have) held
keep	(is) keeping	kept	(have) kept
leave	(is) leaving	left	(have) left
make	(is) making	made	(have) made
say	(is) saying	said	(have) said
sell	(is) selling	sold	(have) sold
send	(is) sending	sent	(have) sent
sleep	(is) sleeping	slept	(have) slept
swing	(is) swinging	swung	(have) swung
think	(is) thinking	thought	(have) thought

Some have the same **present**, **past**, and **past participle**.

Present	Present Participle (needs helping verb)	Past	Past Participle (needs helping verb)
cost	(is) costing	cost	(have) cost
cut	(is) cutting	cut	(have) cut
hit	(is) hitting	hit	(have) hit
hurt	(is) hurting	hurt	(have) hurt
let	(is) letting	let	(have) let
put	(is) putting	put	(have) put
read	(is) reading	read	(have) read

Some change in **different ways** and follow **no pattern** at all.

Present	Present Participle (needs helping verb)	Past	Past Participle (needs helping verb)
begin	(is) beginning	began	(have) begun
bite	(is) biting	bit	(have) bitten
break	(is) breaking	broke	(have) broken
choose	(is) choosing	chose	(have) chosen
come	(is) coming	came	(have) come
do	(is) doing	did	(have) done
draw	(is) drawing	drew	(have) drawn
fall	(is) falling	fell	(have) fallen

fly	(is) flying	flew	(have) flown
freeze	(is) freezing	froze	(have) frozen
give	(is) giving	gave	(have) given
go	(is) going	went	(have) gone
grow	(is) growing	grew	(have) grown
know	(is) knowing	knew	(have) known
ride	(is) riding	rode	(have) ridden
ring	(is) ringing	rang	(have) rung
run	(is) running	ran	(have) run
see	(is) seeing	saw	(have) seen
sing	(is) singing	sang	(have) sung
sink	(is) sinking	sank	(have) sunk
speak	(is) speaking	spoke	(have) spoken
steal	(is) stealing	stole	(have) stolen
swim	(is) swimming	swam	(have) swum
take	(is) taking	took	(have) taken
tear	(is) tearing	tore	(have) torn
wear	(is) wearing	wore	(have) worn
write	(is) writing	wrote	(have) written

5.3 The Six Tenses of a Verb

The **tense** of a **verb** shows **time**. There are three **simple tenses** and three **perfect tenses**. All six basic tenses of a verb are formed from the **principle parts** discussed in lesson 5.1.

The three **simple tenses** are the **present**, the **past**, and the **future**.

Present tense expresses **action** that is happening **now**. Use the first **principle part** (**present**) of a verb to show **present tense**.

I **call** my sister.

They **chop** firewood every day.

The men **load** the boxes.

If the subject is **singular** or the pronoun **he**, **she**, or **it**, then add **-s** to the verb to show **present tense**.

He **calls** his sister.

Mary **chops** firewood every day.

The man **loads** the boxes.

Past tense expresses that something took place in the **past**. The action has already **happened**. Use the third **principle part (past)** to show **past tense**.

I **called** my sister.

Mary **chopped** firewood yesterday.

The man **loaded** the boxes.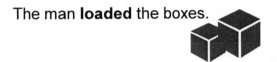

Future tense expresses that something **will happen** in the **future**. Use the first **principle part (present)** of a **verb** with the helping verb **will** or **shall** to show **future tense**. Use **shall** or **will** with the pronouns **I** and **we**. With all other **nouns** and **pronouns** only use **will**.

I **shall** call my sister.

Mary **will** chop firewood tomorrow.

The man **will** load the boxes.

The **perfect tense** of a **verb** expresses the completion of an action.

The three **perfect tenses** are **present perfect**, **past perfect**, and **future perfect**.

To form the **perfect tenses**, use the **past participle** of the **verb** and a form of the helping verb **have**.

Present perfect tense expresses **action** that started sometime **before now** or **action** that is **still happening**. Use the helping verb **have** or **has** and the **past participle** of the main **verb** to form the **present perfect tense**.

I **have called** my sister all day.

Mary **has chopped** firewood for hours.

The man **has loaded** the boxes all morning.

Have or Has + Past Participle = Present Perfect Tense

Past perfect tense expresses **action** that **happened before another action** in the **past**. Use the helping verb **had** and the **past participle** of the main **verb** to form the **past perfect tense**.

I **had** **called** my sister before dinner.

Before it snowed, Mary **had** **chopped** firewood.

The man **had** **loaded** the boxes before leaving.

Had + Past Participle = Past Perfect Tense

Future perfect tense expresses **action** that will be **completed before** a **specific time** in the **future**. Use the verb phrase **will have** or **shall have** and the **past participle** of the main **verb** to form the **future perfect tense**.

I **will** **have** **called** my sister by the time I leave.

By tomorrow, Mary **will** **have** **chopped** firewood.

The man **will** **have** **loaded** the boxes by noon.

Shall have
   -or-
Will have + Past Participle = Future Perfect Tense

A **conjugation** is a list of all the singular and plural forms of a verb grouped by tense. The conjugation of the verb **race** is shown in the table below.

Conjugation of the basic forms of the verb *race*:

	Singular	*Plural*
Present		
First person:	I race	we race
Second person:	you race	you race
Third person:	he, she, it races	they race
Past		
First person:	I raced	we raced
Second person:	you raced	you raced
Third person:	he, she, it raced	they raced
Future		
First person:	I shall race	we shall race
Second person:	you will race	you will race
Third person:	he, she, it will race	they will race
Present Perfect		
First person:	I have raced	we have raced
Second person:	you have raced	you have raced
Third person:	he, she, it has raced	they have raced
Past Perfect		
First person:	I had raced	we had raced
Second person:	you had raced	you had raced
Third person:	he, she, it had raced	they had raced
Future Perfect		
First person:	I shall have raced	we will have raced
Second person:	you will have raced	you will have raced
Third person:	he, she, it will have raced	they will have raced

5.4 Progressive Verb Forms

The **progressive forms** of a verb express **continuing action**.

The **progressive form** is made by combining the appropriate tense of the verb **be** with the **present participle** (the second **principal part**) of the **verb**. The form of **be** changes to show **tense**.

Basic Forms	Progressive Forms
Present	*Present Progressive*
I help.	I *am* helping.

Present progressive sentences express that a **present action** is **continuing**.

Past	*Past Progressive*
I helped.	I *was* helping.

Past progressive sentences express that a **past action** occurred over **a span of time**.

Future	*Future Progressive*
I will help.	I **will** *be* helping.

Future progressive sentences express **future continuing action**.

Present Perfect   *Present Perfect Progressive*
I have helped.   I **have** *been* **helping**.

Present perfect progressive sentences express that an **action started** in the **past** and **continues** in the **present**.

Past Perfect   *Past Perfect Progressive*
I had helped.   I **had** *been* **helping**.

Past perfect progressive sentences express that a **past action** started at an **indefinite past time** and **continued** until a **definite past time**.

Future Perfect   *Future Perfect Progressive*
I will have helped.   I **will have** *been* **helping**.

Future perfect progressive sentences express that a **continuing future action** will be **completed** before another future event occurs.

Form of Be + Present Participle = Progressive Tense

The progressive forms of the verb *race*:

	Singular	*Plural*
Present Progressive		
First person:	I am racing	we are racing
Second person:	you are racing	you are racing
Third person:	he, she, it is racing	they are racing
Past Progressive		
First person:	I was racing	we were racing
Second person:	you were racing	you were racing
Third person:	he, she, it was racing	they were racing
Future Progressive		
First person:	I will be racing	we will be racing
Second person:	you will be racing	you will be racing
Third person:	he, she, it will be racing	they will be racing
Present Perfect Progressive		
First person:	I have been racing	we have been racing
Second person:	you have been racing	you have been racing
Third person:	he, she, it has been racing	they have been racing
Past Perfect Progressive		
First person:	I had been racing	we had been racing
Second person:	you had been racing	you had been racing
Third person:	he, she, it had been racing	they had been racing
Future Perfect Progressive		
First person:	I shall have been racing	we will have been racing
Second person:	you will have been racing	you will have been racing
Third person:	he, she, it will have been racing	they will have been racing

5.5 Emphatic Verb Forms

Along with the **basic** and **progressive** forms, **verbs** also have an **emphatic form**.

Emphatic verb forms are used to show **emphasis**, to form **questions**, and for **negative** sentences.

The **emphatic forms** are used in the **present tense** and **past tense** and are made by combining the **first principal part (present)** of the main verb with *do*, *does*, or *did*.

I <u>do</u> like strawberries.

In this example, the **first principal part (present)** of the verb **like** is combined with the verb **do** to form the **emphatic form**. The **emphatic form** gives greater **emphasis** to the idea expressed by the verb **like**.

Depending on the subject, the **present emphatic** is formed by adding the **present tense** of the **main verb** to the helping verb **do** or **does**.

My brother <u>**does**</u> **run** fast.

I <u>**do**</u> **need** a haircut.

Jacob <u>**does**</u> **fly** an airplane.

You <u>**do**</u> **eat** spinach.

Do or Does + Present = Present Emphatic Tense

Past emphatic is formed by adding the **present tense** of the main verb to the helping verb **did**.

My brother <u>**did**</u> **run** fast.

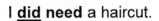

I <u>**did**</u> **need** a haircut.

Jacob <u>**did**</u> **fly** an airplane.

You <u>**did**</u> **eat** spinach.

Did + Present = Past Emphatic Tense

The emphatic forms of the verb *race*:

	Singular	Plural

Present Emphatic

First person:	I do race	we do race
Second person:	you do race	you do race
Third person:	he, she, it does race	they do race

Past Emphatic

First person:	I did race	we did race
Second person:	you did race	you did race
Third person:	he, she, it did race	they did race

The **emphatic form** is more commonly used with **questions** and in **negative sentences** with the word **not**.

Questions

<u>Do</u> I need a haircut?

<u>Did</u> my brother **run** fast?

<u>Does</u> Jacob **fly** an airplane?

Negative Sentences

I **<u>do</u>** *not* **need** a haircut.

My brother **<u>did</u>** *not* **run** fast.

Jacob **<u>does</u>** *not* **fly** an airplane.

5.6 Active and Passive Voice

In sentences written in **active voice**, the **subject** of the sentence **performs** the **action** expressed by the **verb** in the sentence. The **verb** is called an **active verb**.

David **wrote** the letter.

In this example, the subject **David** is **performing** the **action**. *David* **wrote**.

More examples:

The *boys* **purchased** a sled.
(The subject **boys** is performing the action.)

My *father* **wrote** a book.
(The subject **father** is performing the action.)

The *museum* **offers** guided tours.
(The subject **museum** is performing the action.)

Juwan **painted** the house.
(The subject **Juwan** is performing the action.)

In sentences written in **passive voice**, the **subject** of the sentence **receives** the **action** expressed by the **verb** in the sentence.   The subject is **acted upon**. The **verb** is called a **passive verb**.

The *letter* **was written** by David.

In this example, the subject **letter** is **receiving** the **action**. The *letter* **was written**.

More examples:

A *sled* **was purchased** by the boys.
(The subject **sled** is receiving the action.)

A *book* **was written** by my father.
(The subject **book** is receiving the action.)

Guided *tours* **are offered** by the museum.
(The subject **tours** is receiving the action.)

The *house* **was painted** by Juwan.
(The subject **house** is receiving the action.)

Since **active verbs** are **stronger** than **passive verbs**, use the **active voice** more often than the **passive voice**.

5.7 Nominative Case and Objective Case Pronouns

Personal **pronouns** have three cases: **nominative**, **objective**, and **possessive** (See lesson 1.4). The way a pronoun is used in a sentence determines its case.

NOMINATIVE CASE

A **pronoun** used as the **subject** of a sentence or as a **predicate nominative** (See lesson 4.4) is a **nominative case pronoun**. The **nominative case pronouns** are **I**, **you**, **he**, **she**, **it**, **we**, and **they**.

Subject
He ate the banana.

Marjorie and **I** went shopping.

We picked wildflowers.

Predicate Nominative
The winner is **she**.

The singers will be Evelyn and **I**.

Our neighbors are **they**.

OBJECTIVE CASE

A **pronoun** used in the **predicate** part of the sentence as a **direct object**, **indirect object**, or an **object of the preposition** is an **objective case pronoun**. The **objective case pronouns** are me, **you**, **him**, **her**, **it**, **us**, and **them**.

Direct Object

Our puppy likes **him**.

Grandma watched John and **me**.

Dad took **them** to the airport.

Indirect Object

Hand **her** the keys.

Mom cooked Dad and **us** dinner.

Give **it** some water.

Object of a Preposition

You can ride with **me**.

I will sit by Joy and **you**.

That belongs to **us**.

Notice how the pronouns **it** and **you** are both **nominative case** and **objective case pronouns**.

5.8 Comparing with Adjectives

Adjectives are often used to compare nouns or pronouns. There are three degrees of **comparison** including **positive**, **comparative**, and **superlative**.

Use the **positive** form of an **adjective** when making no comparison.

That tree is tall.

Use the **comparative** form of an **adjective** to compare **two** nouns or pronouns. Form the **comparative** of most one-syllable and some two-syllable adjectives by adding **-er**.

That tree is tall<u>er</u> than our house.

Use the **superlative** form of an **adjective** to compare three or more nouns or pronouns. Form the **superlative** of most one-syllable and some two-syllable adjectives by adding **-est**.

That tree is the tall<u>est</u> of any tree in our yard.

Positive	Comparative	Superlative
old	older	oldest
short	shorter	shortest
nice	nicer	nicest
late	later	latest
noisy	noisier	noisiest
happy	happier	happiest
big	bigger	biggest
sad	sadder	saddest

More and **most** are often used before some **adjectives** with two syllables and most adjectives with three or more syllables to show the **comparative** and **superlative** degree.

Add the word **more** before most **adjectives** with two or more syllables when comparing **two** nouns or pronouns (**comparative** degree).

This book is **more interesting** than that book.

Add the word **most** before most **adjectives** with two or more syllables when comparing **three** or more nouns or pronouns (**superlative** degree).

This is the **most interesting** of any book I own.

Positive	Comparative	Superlative
careful	more careful	most careful
patient	more patient	most patient
painful	more painful	most painful
active	more active	most active
colorful	more colorful	most colorful
generous	more generous	most generous
beautiful	more beautiful	most beautiful
imaginative	more imaginative	most imaginative

Do **not** use **more** or **most** at the same time you use **-er** or **-est**.

Incorrect: This dress is more prettier than that dress.

Correct: This dress is **prettier** than that dress.

Incorrect: Of all our friends, Tony is the most patientest.

Correct: Of all our friends, Tony is the **most patient**.

Some **adjectives** have special forms for **comparing**.

Positive	Comparative	Superlative
good	better	best
bad	worse	worst
much	more	most
little	less	least

5.9 Comparing with Adverbs

Like adjectives, **adverbs** have three degrees of **comparison** including **positive**, **comparative**, and **superlative**.

Use the **positive** form of an **adverb** when making no comparison.

Marla swims **fast**.

Use the **comparative** form of an **adverb** to compare **two** actions. Form the **comparative** of most one-syllable and some two-syllable adverbs by adding **-er**.

Marla swims **fast<u>er</u>** than Kyla.

Use the **superlative** form of an **adverb** to compare three or more actions. Form the **superlative** of most one-syllable and some two-syllable adverbs by adding **-est**.

Marla swims **fast<u>est</u>** of any girl I know.

Positive	Comparative	Superlative
high	higher	highest
deep	deeper	deepest
soon	sooner	soonest
low	lower	lowest
close	closer	closest
late	later	latest
near	nearer	nearest
early	earlier	earliest

More and **most** are often used before some **adverbs** with two syllables and most adverbs with three or more syllables to show the **comparative** and **superlative** degree.

Add the word **more** before most **adverbs** with two or more syllables when comparing **two** actions (**comparative** degree).

The small dog barks **more quietly** than the big dog.

Add the word **most** before most **adverbs** with two or more syllables when comparing **three** or more actions (**superlative** degree).

Of the three dogs, the small dog barked **most quietly**.

Positive	Comparative	Superlative
carefully	more carefully	most carefully
silently	more silently	most silently
loudly	more loudly	most loudly
swiftly	more swiftly	most swiftly
quickly	more quickly	most quickly
confidently	more confidently	most confidently
beautifully	more beautifully	most beautifully
frequently	more frequently	most frequently

Do **not** use **more** or **most** at the same time you use **-er** or **-est**.

Incorrect: John rises more earlier than Leon.

Correct: John rises **earlier** than Leon.

Incorrect: Mario works most happiliest on Friday.

Correct: Mario works **most happily** on Friday.

Some **adverbs** have special forms for **comparing**.

Positive	Comparative	Superlative
well	better	best
badly	worse	worst
much	more	most
little	less	least
far	farther	farthest

Chapter 5 Review - Part 1

Principle Parts of Regular Verbs - Each verb has **four** basic forms to help express **tense** (time). These are called the **principle parts** of a **verb**. The **four principle parts** are the **present**, the **present participle**, the **past**, and the **past participle**.

-For regular verbs, the **present participle** is formed by adding **-ing** to the **present tense**.

-The **past** is formed by adding **-ed** or **-d** to the **present tense** of **regular** verbs.

-The **past participle** is formed when a **helping verb** such as **have** or **has** is added to the **past tense**.

-Some **verbs** need the final **e** dropped when forming the **present participle**.

-Some **verbs** need the **y** changed to **i** when forming the **past** and **past participle**.

-Some **verbs** need the **final consonant doubled** when forming the **present participle**, **past**, and **past participle**.

Principle Parts of Irregular Verbs - An **irregular verb** is one that does **not** form its **past** and **past participle** by adding **-ed**.

-Some have the same **past** and **past participle**.

-Some have the same **present**, **past**, and **past participle**.

-Some change in **different ways** and follow **no pattern** at all.

<u>**The Six Tenses of a Verb**</u> - The **tense** of a **verb** shows **time**. There are three **simple tenses** and three **perfect tenses**. All six basic tenses of a verb are formed from the **principle parts**.

   The three **simple tenses** are the **present**, the **past**, and the **future**.

-**Present tense** expresses **action** that is happening **now**.

-**Past tense** expresses that something took place in the **past**. The action has already **happened**. Use the third **principle part (past)** to show **past tense**.

-**Future tense** expresses that something **will happen** in the **future**. Use the first **principle part (present)** of a **verb** with the helping verb **will** or **shall** to show **future tense**.

   The **perfect tense** of a **verb** expresses the completion of an action. The three **perfect tenses** are **present perfect**, **past perfect**, and **future perfect**.

-**Present perfect tense** expresses **action** that started sometime **before now** or **action** that is **still happening**. Use the helping verb **have** or **has** and the **past participle** of the main **verb** to form the **present perfect tense**.

-**Past perfect tense** expresses **action** that **happened before another action** in the **past**. Use the helping verb **had** and the **past participle** of the main **verb** to form the **past perfect tense**.

-**Future perfect** tense expresses **action** that will be **completed before** a **specific time** in the **future**. Use the verb phrase **will have** or **shall have** and the **past participle** of the main **verb** to form the **future perfect tense**.

Progressive Verb Forms - The **progressive forms** of a verb express **continuing action**. The **progressive form** is made by combining the appropriate tense of the verb **be** with the **present participle** (the second **principal part**) of the **verb**. The form of **be** changes to show **tense**.

-**Present progressive** sentences express that a **present action** is **continuing**.

-**Past progressive** sentences express that a **past action** occurred over **a span of time**.

-**Future progressive** sentences express **future continuing action**.

-**Present perfect progressive** sentences express that an **action started** in the **past** and **continues** in the **present**.

-**Past perfect progressive** sentences express that a **past action** started at an **indefinite past time** and

continued until a **definite past time**.

-**Future perfect progressive** sentences express that a **continuing future action** will be **completed** before another future event occurs.

<u>**Emphatic Verb Forms**</u> - Along with the **basic** and **progressive** forms, **verbs** also have an **emphatic form**. **Emphatic verb forms** are used to show **emphasis**, to form **questions**, and for **negative** sentences. The **emphatic forms** are used in the **present tense** and **past tense** and are made by combining the **first principal part** (**present**) of the main verb with *do*, *does*, or *did*.

The **emphatic form** is more commonly used with **questions** and in **negative sentences** with the word **not**.

Chapter 5 Review - Part 2

Active and Passive Voice - In sentences written in **active voice**, the **subject** of the sentence **performs** the **action** expressed by the **verb** in the sentence.   The **verb** is called an **active verb**.

   In sentences written in **passive voice**, the **subject** of the sentence **receives** the **action** expressed by the **verb** in the sentence.   The subject is **acted upon**. The **verb** is called a **passive verb**.

Nominative Case and Objective Case Pronouns - Personal **pronouns** have three cases: **nominative**, **objective**, and **possessive**. The way a pronoun is used in a sentence determines its case.

-A **pronoun** used as the **subject** of a sentence or as a **predicate nominative** is a **nominative case pronoun**. The **nominative case pronouns** are **I, you, he, she, it, we**, and **they**.

-A **pronoun** used in the **predicate** part of the sentence as a **direct object**, **indirect object**, or an **object of the preposition** is an **objective case pronoun**. The **objective case pronouns** are **me, you, him, her, it, us**, and **them**.

Comparing with Adjectives - **Adjectives** are often used to compare nouns or pronouns. There are three degrees of **comparison** including **positive**, **comparative**, and **superlative**.

-Use the **positive** form of an **adjective** when making no comparison.

-Use the **comparative** form of an **adjective** to compare **two** nouns or pronouns. Form the **comparative** of most one-syllable and some two-syllable adjectives by adding **-er**.

-Use the **superlative** form of an **adjective** to compare three or more nouns or pronouns. Form the **superlative** of most one-syllable and some two-syllable adjectives by adding **-est**.

-**More** and **most** are often used before some **adjectives** with two syllables and most adjectives with three or more syllables to show the **comparative** and **superlative** degree.

-Do **not** use **more** or **most** at the same time you use **-er** or **-est**.

Comparing with Adverbs - Like adjectives, **adverbs** have three degrees of **comparison** including **positive**, **comparative**, and **superlative**.

-Use the **positive** form of an **adverb** when making no comparison.

-Use the **comparative** form of an **adverb** to compare **two** actions. Form the **comparative** of most one-syllable and some two-syllable adverbs by adding **-er**.

-Use the **superlative** form of an **adverb** to compare three or more actions. Form the **superlative** of most one-syllable and some two-syllable adverbs by adding **-est**.

-**More** and **most** are often used before some **adverbs** with two syllables and most adverbs with three or more syllables to show the **comparative** and **superlative** degree.

-Do **not** use **more** or **most** at the same time you use **-er** or **-est**.

Chapter 6

Phrases

6.1 Prepositional Phrases

A **phrase** is a group of related words that does **not** have **both** a **subject** and a **predicate**. A **phrase** cannot stand alone as a sentence, but functions as one part of speech in a sentence. There are several types of **phrases**. One type of phrase frequently used is the **prepositional phrase**.

A **prepositional phrase begins** with a **preposition** (see lesson 2.7) and **ends** with a **noun** or **pronoun**.

The man stood **by** the white *fence*.

↑   ↑

**Preposition   Object of the
Preposition**

The noun or pronoun that follows a **preposition** is the **object of the preposition**. The **object** of the preposition often has one or more **adjectives** before it. These **adjectives** modify the object and are part of the **prepositional phrase**. The **preposition**, its **object** or **objects**, and any **adjectives** in between are included in the **prepositional phrase**.

The man stood **by the white fence**.

\   /

**Prepositional
Phrase**

Prepositional phrases can occur **anywhere** in the sentence.

The beginning
of the sentence: **During the summer** we swim.

The middle of
the sentence: The ring **from my mother** is new.

The end of
the sentence: We walked **near the tree**.

Sentences often have **more than one** prepositional phrase.

Maria lives **in the red house near the old bridge**.
               Prepositional   Prepositional
                  Phrase   Phrase

The boy **with blue eyes** sat **on the floor after dinner**.
          Prepositional   Prepositional Prepositional
             Phrase   Phrase   Phrase

6.2 Prepositional Phrases Acting as Adjectives and Adverbs

A **prepositional phrase** acts as an **adjective** or an **adverb**.

Adjective phrases are prepositional phrases that tell **what kind**, **how many**, **which one**, or **whose**. They come directly after the **noun** or **pronoun** that they modify.

Adjective Phrase: The *ring* **from my mother** is new.

In this sentence, the prepositional phrase **from my mother** acts as an **adjective**. It **modifies** the noun **ring** by telling **which one**. **From my mother** is an **adjective phrase**.

More examples:

They built a new *house* **of brick**.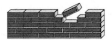
(The **adjective** phrase **of brick** modifies the noun **house** and tells **what kind**.)

The *crowd* **of nine people** cheered.
(The **adjective** phrase **of nine people** modifies the noun **crowd** and tells **how many**.)

The *girl* **with freckles** is my friend.
(The **adjective** phrase **with freckles** modifies the noun **girl** and tells **which one**.)

Adverb phrases are prepositional phrases that describe a **verb**, an **adjective**, or an **adverb**. They tell **how**, **when**, **where**, **how often**, or **to what extent** and can appear anywhere in the sentence.

Adverb
Phrase: We *walked* **near the tree**.

In this sentence, the prepositional phrase **near the tree** acts as an **adverb**. It **modifies** the verb **walked** by telling **where**. **Near the tree** is an **adverb phrase**.

More examples:

Modifying
a Verb: Our team *played* **in the new stadium**.
(The **adverb** phrase **in the new stadium** modifies the verb **played**.)

Modifying an
Adjective: The girl was *unhappy* **with her grades**.
(The **adverb** phrase **with her grades** modifies the predicate adjective **unhappy**.)

Modifying
an Adverb: My father walked *behind* **by a few inches**.
(The **adverb** phrase **by a few inches** modifies the adverb **behind**.)

6.3 How to Diagram Prepositional Phrases

To **diagram** a **prepositional phrase**, place the **preposition** on a diagonal line below the word it describes.

The man **by the white fence** smiled.

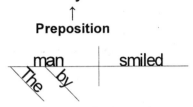

Place the **object of the preposition** on a horizontal line attached to it.

The man **by the white fence** smiled.

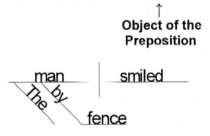

Place the **modifiers** of the **object** of the preposition on diagonal lines below the object.

The man **by the white fence** smiled.

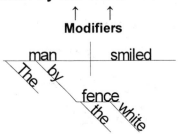

Often, a sentence will have more than one **prepositional phrase**.

Maria lived **in the red house near the old bridge**.

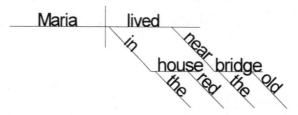

After dinner, the boy **with blue eyes** sat **on the floor.**

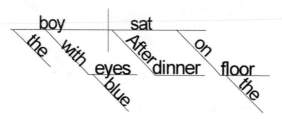

Some **prepositional phrases** have **two objects**.

Kurt walked **near the <u>barn</u> and the <u>house</u>.**

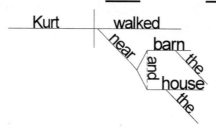

The gift **from <u>Franklin</u> and <u>Elizabeth</u>** arrived today.

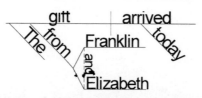

Some sentences have a **compound preposition**.

according to   in addition to   instead of

along with   in front of   out of

because of   in spite of   prior to

In spite of the rain, we jogged.

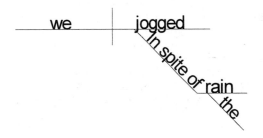

Prior to the game, the team practiced.

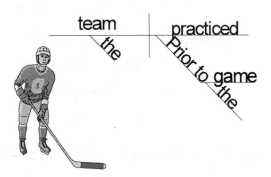

6.4 How to Diagram Adjective Phrases and Adverb Phrases

Place an **adjective phrase** below the **noun** or **pronoun** it modifies, similar to an **adjective**.

The *ring* **from my mother** is new.

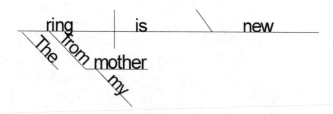

They built a new *house* **of brick**.

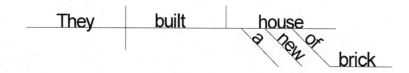

The *crowd* **of nine people** cheered.

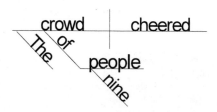

Place an **adverb phrase** below the **verb**, **adjective**, or **adverb** it modifies, similar to an **adverb**.

Modifying
a Verb: Our team *played* **in the new stadium.**

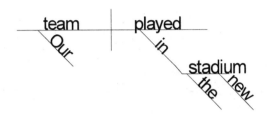

Modifying an
Adjective: The girl was *unhappy* **with her grades.**

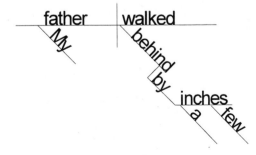

Modifying
an Adverb: My father walked behind **by a few inches.**

6.5 Appositive Phrases

Another type of phrase that is frequently used is the **appositive phrase**.

An **appositive phrase** contains an appositive and its modifiers. An **appositive renames** or **helps to explain** a **noun** that immediately precedes it. An **appositive phrase** is set off within a sentence by **commas** and can accompany almost any noun or pronoun used in a sentence.

Marla, **my good friend**, lives next door.

In this example, the words **my good friend** are an **appositive phrase**. This **appositive phrase** helps to explain the noun **Marla**. The word **friend** is the **appositive** in this phrase. The other words, **my** and **good**, are modifiers of **friend**.

In the above example, the **commas** tell us that the appositive phrase **my good friend** is **not** essential to the meaning of the sentence. The phrase could be dropped from the sentence without changing the meaning of the sentence.

More examples:

Used with a subject

Chicago, **a city in Illinois**, is extremely windy.

(The appositive phrase **a city in Illinois** helps to explain or rename the noun **Chicago**. The **appositive** is **city**.)

Used with a direct object

My mother introduced *Uncle Raymond*, **our guest**.

(The appositive phrase **our guest** helps to explain or rename the proper noun **Uncle Raymond**. The **appositive** is **guest**.)

Used with an indirect object

I gave *Thomas*, **my best friend**, a birthday gift.

(The appositive phrase **my best friend** helps to explain or rename the proper noun **Thomas**. The appositive is **friend**.)

6.6 How to Diagram an Appositive Phrase

On a sentence diagram, the **appositive noun** is placed in **parentheses** after the noun or pronoun that it renames or explains.

Marla, **my good <u>friend</u>**, arrived late.

Marla (friend) | arrived
                        late

Any **modifiers** of the **appositive** are placed on slanted lines directly beneath it.

Marla, **<u>my good</u> friend**, arrived late.

Marla (friend) | arrived
        my good   late

More examples:

Chicago, **a city in Illinois**, is very windy.

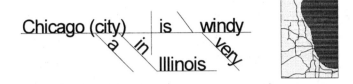

My mother introduced *Uncle Raymond*, **our guest**.

I gave *Thomas*, **my best friend**, a birthday gift.

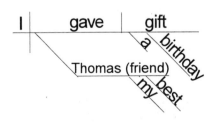

6.7 Participles and Participial Phrases

A **verbal** is a verb form used as another part of speech in a sentence. The three kinds of **verbals** are **participles**, **gerunds**, and **infinitives**.

A **participle** is a verb form used as an **adjective** to describe a **noun** or **pronoun**. Both the **present participle** and **past participle** of a verb can be used as adjectives.

> The **running** *girl* caught the bus.
>
> A **scared** *dog* hid under the couch.

In the first example, the word **running** is a **present participle** of the verb **run**. It's acting as an **adjective** to describe the noun **girl**. In the second example, the word **scared** is a **past participle** of the verb **scare**. It is acting as an **adjective** to describe the noun **dog**.

More examples:

My **smiling** *sister* opened her gifts.
(The present participle **smiling** describes **sister**.)

The **startled** *deer* ran into the woods.
(The past participle **startled** describes **deer**.)

The **arriving** *tourists* waved at us.
(The present participle **arriving** describes **tourists**.)

A **participial phrase** is a **participle** and its related words (modifiers and objects) that are used together to act as an **adjective**. The **participial phrase** must be next to the **noun** or **pronoun** it is describing.   **Participial phrases** may also be in the **present** or **past** tense.

The *boy* **kicking the football** is Jerry.

The *potatoes*, **drenched with gravy**, were delicious.

In the first example, the **participial** phrase **kicking the football** describes the noun **boy**. **Kicking** is the **participle** in this phrase. In the second example, the **participial** phrase **drenched with gravy** describes the noun **potatoes**. **Drenched** is the **participle** in this phrase.

More examples:

Interested in spiders, the *boy* held the tarantula.
(The participial phrase **interested in spiders** describes **boy**. **Interested** is the **participle** in this phrase.)

Beaming with pride, my *father* accepted his award.
(The participial phrase **beaming with pride** describes **father**. **Beaming** is the **participle** in this phrase.)

The *ring* **found under the couch** was mine.
(The participial phrase **found under the couch** describes **ring**. **Found** is the **participle** in this phrase.)

When it begins a sentence, a **comma** often sets off a
participial phrase.

Interested in spiders, the *boy* held the tarantula.
      ↑   ↑
   Participial Phrase Comma

Beaming with pride, my *father* accepted his award.
       ↑   ↑
   Participial Phrase Comma

Otherwise, commas will set off a **participial phrase** if it
is a **parenthetical element**. **Parenthetical elements** are
words added to a sentence for extra **emphasis** or **clarity**.
A **parenthetical element** can be **dropped** from a
sentence **without** changing the sentence's meaning.

The *boy*, **interested in spiders,** held the tarantula.
     ↑   ↑   ↑
   Comma Participial Phrase Comma

In this example, **commas** set off the participial phrase
interested in spiders. This phrase is a **parenthetical
element** because it is not necessary to the meaning of the
sentence.

The *boy* held the tarantula.

When the phrase **interested in spiders** is dropped, the
sentence still makes sense. This should alert you that
commas are **necessary** to set off this **participial phrase**.

More examples:

The *monkeys*, **swinging from the trees,** were comical.
      ↑   ↑   ↑
Comma Participial Phrase   Comma

My *father*, **beaming with pride,** accepted his award.
     ↑   ↑   ↑
Comma Participial Phrase Comma

Some **participial phrases** are **necessary** in the sentence and do **not** require commas to set them off.

The *boy* kicking the football is Jerry.

In this example, the participial phrase **kicking the football** is necessary because it tells **which** boy. It is **necessary** to make the meaning of the sentence clear.

More examples:

The *ring* **found under the couch** was mine.

Brownies **baked by Dad** are a delicious treat.

Karen mailed the *letter* **addressed to her aunt**.

6.8 Gerunds and Gerund Phrases

A **gerund** is a **verb** that ends in **-ing** used as a **noun**. Gerunds can be used anywhere that a noun is used in a sentence. Gerunds can be the **subject** of a sentence, a **direct object**, a **predicate nominative**, or the **object** of a **preposition**.

Subject: **Writing** is an important skill.

Direct Object: Darion enjoys **writing**.

Predicate Nominative: His favorite task is **writing**.

Object of a Preposition: He was praised for his **writing**.

More examples:

That dog started **barking**.
(The gerund **barking** is a **direct object**.)

Blake's hobby is **reading**.
(The gerund **reading** is a **predicate nominative**.)

She is famous for **dancing**.
(The gerund **dancing** is the **object** of the preposition **for**.)

A **gerund phrase** is a **gerund** and its related words (modifiers and objects) that are used together to act as a **noun**.

Subject: **Writing an essay** is an important skill.

Direct Object: Darion enjoys **writing for fun**.

Predicate Nominative: His favorite task is **writing about sports**.

Object of a Preposition: He was praised for **writing a biography**.

In these examples, **writing an essay**, **writing for fun**, **writing about sports**, and **writing a biography** are **gerund phrases** used as the **subject**, **direct object**, **predicate nominative**, and **object of the preposition** in these sentences. **Writing** is the **gerund** in each phrase.

More examples:

That dog started **barking for attention**.
(The gerund phrase **barking for attention** is a **direct object**.)

Blake's hobby is **reading interesting books**.
(The gerund phrase **reading interesting books** is a **predicate nominative**.)

She is famous for **dancing on stage**.
(The gerund phrase **dancing on stage** is the **object** of the preposition **for**.)

6.9 Infinitives and Infinitive Phrases

An **infinitive** is a **verb** preceded by the word **to** that is often used as a **noun**. Use the **present-tense** form of the **verb** in an **infinitive**.

An **infinitive** used as a **noun** can be a **subject**, **direct object**, or **predicate nominative**.

Subject: **To run** is good exercise.

Direct
Object: Sarah wants **to run**.

Predicate
Nominative: Her desire was **to run**.

More examples:

To succeed is his desire.
(The infinitive **to succeed** is a **subject**.)

I wanted **to leave**.
(The infinitive **to leave** is a **direct object**.)

Her hobby is **to sew**.
(The infinitive **to sew** is a **predicate nominative**.)

An **infinitive phrase** is an **infinitive** and its related words (modifiers and objects) that are often used together to act as a **noun**.

An **infinitive phrase** used as a **noun** can be a **subject**, **direct object**, or **predicate nominative**.

Subject: **To run fast** is good exercise.

Direct Object: Sarah wants **to run around the track**.

Predicate Nominative: Her desire was **to run a marathon**.

More examples:

To succeed in life is his desire.
(The infinitive phrase **to succeed in life** is a **subject**.)

I wanted **to leave early**.
(The infinitive phrase **to leave early** is a **direct object**.)

Her hobby is **to sew clothes**.
(The infinitive phrase **to sew clothes** is a **predicate nominative**.)

Do **not** confuse an **infinitive** with a **prepositional phrase** that begins with **to**. Remember, an **infinitive** phrase is **to** followed immediately by a **verb**. A **prepositional phrase** that begins with **to** is followed by a **noun** or **pronoun** and any modifiers. There will be **no** verb in a **prepositional phrase**.

Infinitive Phrase:	The boys like **to play tennis**.

↑
Verb

Prepositional Phrase:	They went **to the game**.

↑
Noun

In the first example, the phrase **to play** is an **infinitive phrase**. The word **to** is followed by the verb **play**. In the second example, the phrase **to the game** is a **prepositional phrase**. The word **to** is followed by the noun **game**. There is **no verb** in this phrase.

More examples:

Infinitive Phrase:	Dad decided **to ski today**.
Prepositional Phrase:	He carried his skis **to the boat**.

Infinitive Phrase:	The boys decided **to exercise daily**.
Prepositional Phrase:	We walked **to our seats**.

Chapter 6 Review - Part 1

Prepositional Phrases - A **prepositional begins** with a **preposition** and **ends** with a **noun** or **pronoun**.

The noun or pronoun that follows a **preposition** is the **object of the preposition**.

The **adjectives** before the **object of the preposition** modify the object and are part of the **prepositional phrase**.

Prepositional Phrases Acting as Adjectives and Adverbs - **Adjective phrases** are prepositional phrases that tell **what kind**, **how many**, **which one**, or **whose** and come directly after the **noun** or **pronoun** that they modify. **Adverb phrases** are prepositional phrases that describe a **verb**, an **adjective**, or an **adverb** and tell **how, when, where, how often**, or **to what extent** and can appear anywhere in the sentence.

How to Diagram Prepositional Phrases - To **diagram** a **prepositional phrase**, place the **preposition** on a diagonal line below the word it describes.

Place the **object of the preposition** on a horizontal line attached to it.

Place the **modifiers** of the **object** of the preposition on diagonal lines below the object.

The man **by the white fence** smiled.

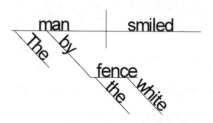

Often, a sentence will have more than one **prepositional phrase**.

Maria lived **in the red house near the old bridge**.

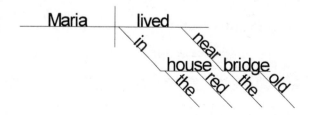

Some **prepositional phrases** have **two objects**.

Kurt walked **near the <u>barn</u> and the <u>house</u>**.

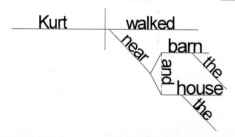

Some sentences have a **compound preposition.**

In spite of the rain, we jogged.

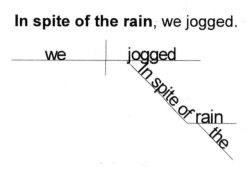

How to Diagram Adjective Phrases and Adverb Phrases - Place an **adjective phrase** below the **noun** or **pronoun** it modifies, similar to an **adjective.**

The man **by the white fence** smiled.

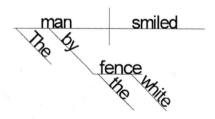

Place an **adverb phrase** below the **verb**, **adjective**, or **adverb** it modifies, similar to an **adverb.**

Our team *played* **in the new stadium.**

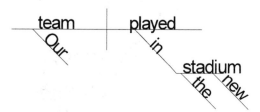

Chapter 6 Review - Part 2

Appositive Phrases - Another type of phrase that is frequently used is the **appositive phrase**.

An **appositive phrase** contains an appositive and its modifiers. It **renames** or **helps to explain** a **noun** that immediately precedes it. An **appositive phrase** is set off within a sentence by **commas** and can accompany almost any noun or pronoun used in a sentence.

How to Diagram an Appositive Phrase - On a sentence diagram, the **appositive** is placed in **parentheses** after the noun or pronoun that it renames or explains.   Any **modifiers** of the **appositive** are placed on slanted lines directly beneath it.

Chicago, **a city in Illinois**, is very windy.

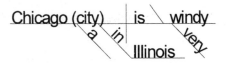

Participles and Participial Phrases - A **participle** is a verb form used as an **adjective** to describe a **noun** or **pronoun**. Both the **present** and **past participles** of a verb can be used as adjectives.

-A **participial phrase** is a **participle** and its related words (modifiers and objects) that are used together to act as an **adjective**. The **participial phrase** must be next to the **noun** or **pronoun** it is describing. **Participial phrases** may also be in the **present** or **past** tense.

-When it begins a sentence, a **comma** often sets off a **participial phrase**. Otherwise, commas will set off a **participial phrase** if it is a **parenthetical element**. Some **participial phrases** are **necessary** in the sentence and do **not** require commas to set them off.

Gerunds and Gerund Phrases - A **gerund** is a **verb** that ends in **-ing** used as a **noun**. **Gerunds** can be used anywhere that a **noun** is used in a sentence. **Gerunds** can be the **subject** of a sentence, a **direct object**, a **predicate nominative**, or the **object** of a **preposition**. A **gerund phrase** is a **gerund** and its related words (modifiers and objects) that are used together to act as a **noun**.

Infinitives and Infinitive Phrases - An **infinitive** is a **verb** preceded by the word **to** and is often used as a **noun**. Use the **present-tense** form of the **verb** in an **infinitive**. An **infinitive** used as a **noun** can be a **subject**, **direct object**, or **predicate nominative**.

An **infinitive phrase** is an **infinitive** and its related words (modifiers and objects) that are often used together to act as a **noun**.

Do **not** confuse an **infinitive** with a **prepositional phrase** that begins with **to**. Remember, an **infinitive** phrase is **to** immediately followed by a **verb**. A **prepositional phrase** is **to** followed by a **noun** or **pronoun** and any modifiers. There is **no** verb in a **prepositional phrase**.

Chapter 7

Clauses

7.1 Clauses

We just learned that a **phrase** is a group of words that acts as a part of speech, cannot stand alone as a sentence, and does not have both a subject and a predicate.

Like a phrase, a **clause** is a group of words, but it has **both** a **subject** and a **predicate (verb)**. There are two types of **clauses**. These are **independent clauses** and **dependent clauses**.

An **independent clause** (main clause) expresses a **complete thought** and can stand alone as a **sentence**.

<u>We</u> <u>ate</u> popcorn.

<u>I</u> <u>will write</u> a report.

<u>Marta</u> <u>flew</u> to Europe.

In these examples, each **clause** contains both a **subject** (underlined once) and a **predicate (verb)** (underlined twice) and expresses a **complete thought**.

A **dependent clause** (subordinate clause) contains a **subject** and a **verb**, but it **cannot** stand alone as a sentence. It is **dependent** upon other parts of the sentence to express a complete thought.

A **dependent clause** is introduced by either a **relative pronoun** or a **subordinating conjunction**. **Relative pronouns** are words such as **who, whom, whose, which**, or **that**. **Subordinating conjunctions** are words such as **after, although, as, because, before, if, since, unless, than, until, when, where**, or **while**.

That <u>we</u> <u>made</u>.

After <u>I</u> <u>finish</u> this book.

When <u>she</u> <u>was</u> a child.

In these examples, each **clause** contains both a **subject** (underlined once) and a **predicate (verb)** (underlined twice), but they do **not** express a complete thought. The first example begins with the relative pronoun **that**. The other examples begin with the subordinating conjunctions **after** and **when**.

7.2 Structure of Sentences

Sentences are often grouped according to their structure. A sentence can be **simple**, **compound**, **complex**, or **compound-complex**.

We discussed **simple** and **compound sentences** in lesson 3.7.   A **simple sentence** contains **one independent clause**, and a **compound sentence** contains **two** or **more independent clauses** that are usually **joined** by a **comma** and a **coordinating conjunction** such as **and**, **but**, or **or**.

Complex Sentence

A **complex sentence** contains **one independent clause** and at least **one dependent clause** introduced by either a **subordinating conjunction** or a **relative pronoun**. (Lesson 7.1)

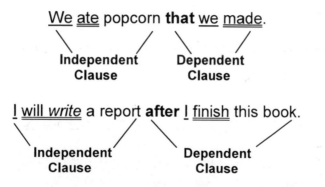

Dependent clauses occur at the **beginning**, the **middle**, or the **end** of a sentence.

A **comma** usually follows a **dependent clause** that **begins** a sentence.

<u>**After** I finish this book**,**</u> I will write a report.

<u>**When** she was a child**,**</u> Marta flew to Europe.

Commas usually set off a **dependent clause** placed in the **middle** of a sentence.

Rob, <u>**whose** uncle is a doctor**,**</u> went to medical school.

My father, <u>**while** he made dinner**,**</u> sang a song.

If the **dependent clause ends** the sentence, a comma usually does **not** set it off.

I will write a report <u>**after** I finish this book</u>.

Marta flew to Europe <u>**when** she was a child</u>.

Compound-Complex Sentence

A **compound-complex sentence** contains **two or more independent clauses** and **one or more dependent clauses** (subordinate clauses).

Put a **comma** after the **dependent clause** if it begins the sentence. Also, put a **comma** before the **coordinating conjunction** that connects the **two independent clauses**.

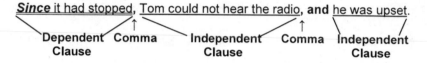

This example is a **compound-complex sentence**. It contains **two independent clauses** and **one dependent clause**. Notice the **comma** that follows the **dependent clause** that begins the sentence and the **comma** that connects the **two independent clauses**.

This example is the sentence from above rearranged. Notice that since the **dependent clause** does **not** begin the sentence, only one **comma** is required.

More examples: (Independent clauses are underlined <u>once</u> and dependent clauses are underlined <u>twice</u>)

<u>Scott went to the movies</u>, **but** <u>Sara stayed at home</u> ***because*** <u><u>she felt ill</u></u>.

(The **independent clauses** are joined by the coordinating conjunction **but** and a **comma**. The **dependent clause** is introduced by the subordinating conjunction **because**. As discussed previously in this lesson, since the dependent clause ends the sentence it is not set off with a comma.)

After <u><u>Mom arrived</u></u>, <u>we ate a delicious dinner</u>, **and** <u>we played fun games.</u>

(The **dependent clause** is introduced by the subordinating conjunction **after** and is followed by a **comma**. The **independent clauses** are joined by the coordinating conjunction **and** and a **comma**.)

<u>Mary slipped</u> <u><u>while she was running</u></u>, and <u>she hurt her leg</u>.

(The **dependent clause** is introduced by the subordinating conjunction **while**. The second **independent clause** is joined to the rest of the sentence by a **comma** and the coordinating conjunction **and**.)

Misplaced and Dangling Modifiers

When writing sentences, beware of **misplaced modifiers**. When **modifiers** are too far away from the word they are supposed to modify, the sentence can be **confusing** or **awkward**.

Misplaced: I found my **ring** under the *chair* that had been lost.

This is a confusing sentence. The **chair** was not lost, however, the **ring** was. The clause **that had been lost** should be placed as close as possible to the word it modifies. It modifies the word **ring**.

Correct: Under the chair I found my **ring** that had been lost.

You also need to watch for **dangling modifiers**. This happens when the modifying phrase or clause is not clearly related to the word it is next to. Unlike a misplaced modifier, you **cannot** simply move it to a different place in a sentence. You need to add a **subject** to correct the sentence.

Example: Running for a taxi, my *hat* fell in the mud.

Who was running for the **taxi**? Was it the **hat**? No. This sentence is confusing. We need to add a subject to this sentence to correct it.

Correct: As I was <u>running for a taxi</u>, my hat fell in the mud.

More examples:

Misplaced modifier:

He gave the **gift** to his friend <u>which he had wrapped earlier</u>.

(This sentence is confusing because he did **not** wrap his **friend**, he wrapped the **gift**. The sentence needs to be rewritten so the **clause** is nearer to the word it **modifies**.)

Correct:

He gave the **gift** <u>which he had wrapped earlier</u> to his friend.

Misplaced modifier:

Carol found her dog <u>walking home from the store</u>.

(This sentence is confusing because the **dog** was **not** walking home from the store, however, **Carol** was. The sentence needs to be rewritten so the **phrase** is nearer to the word it **modifies**.)

Correct:

<u>Walking home from the store</u>, **Carol** found her dog.

Dangling modifier:

The smoke alarm went off while <u>cooking our dinner</u>.

(This sentence is confusing because the **smoke alarm** was **not** cooking our dinner. The sentence needs to be rewritten and a **subject** added.)

Correct:

The smoke alarm went off while **Dan** was <u>cooking our dinner</u>.

7.3 Adjective Clauses

There are **three** kinds of **dependent clauses** which are **adjective clauses**, **adverb clauses**, and **noun clauses**.

An **adjective clause (relative clause)** is a **dependent clause** used as an **adjective**. It follows the **noun** or **pronoun** it modifies and starts with a **relative pronoun** such as **who**, **whom**, **whose**, **which**, or **that**.

The <u>shoes</u> *that* **he bought today** were too small.

In this example, the adjective clause **that he bought today** modifies the noun **shoes** by telling **which shoes** were too small. We know it is a **clause** because it has a **subject** (**he**) and a **verb** (**bought**). We know it is an **adjective clause** because it modifies a **noun** (**shoes**).

More examples:

The <u>lady</u> *who* **is wearing the pink hat** is my Aunt Nia.

(The adjective clause **who is wearing the pink hat** modifies the noun **lady**. The relative pronoun **who** is the **subject** in this **adjective clause.**)

The <u>boy</u> *whose* **hands are blue** is cold.

(The adjective clause **whose hands are blue** modifies the noun **boy**. The relative pronoun **whose** modifies the subject **hands** in this **adjective clause**.)

An **adjective clause** can be either **nonrestrictive (nonessential)** or **restrictive (essential)**.

A **nonrestrictive adjective clause** is **not** essential to the meaning of the sentence. It gives information that is **not** crucial and can be **omitted** without affecting the meaning of the sentence. **Commas** are required to set off a **nonrestrictive adjective clause** from the rest of the sentence.

Bobby Smith, *who* **is extremely tall**, ate quickly.

This **adjective clause** is **nonrestrictive** because the information in the clause does **not** restrict or limit the proper noun **Bobby Smith**. The fact that **Bobby Smith** is **extremely tall** has nothing to do with the meaning of the sentence.

Bobby Smith ate quickly.

The meaning of the sentence is clear **without** the clause. The clause is not necessary to know which **Bobby Smith**.

More examples:

<u>Shari Fox</u>, *whose* **Dad is a cook,** lives next door.

(The clause is **not** necessary to identify which **Shari Fox**. The **commas** signify that the **adjective clause** gives **additional** information about the noun.)

Todd's <u>garden</u>, *which* **is beautiful,** contains roses.

(The clause is **not** necessary to identify which **garden**. The **commas** signify that the **adjective clause** gives **additional** information about the noun.)

A **restrictive adjective clause** is essential to the meaning of the sentence. Without it, the basic meaning of the sentence is affected. A **restrictive adjective clause** gives information needed to identify the person or thing it is modifying.

The <u>shoes</u> *that* **he bought today** were too small.

In this example, the **adjective clause** is essential to the meaning of the sentence. In other words, if this clause is removed, the sentence's meaning will **not** be the same.

The shoes were too small.

Without the **adjective clause**, we don't know which **shoes** were too small. It is **necessary** to restrict the

meaning of the noun **shoes** by telling **which shoes.**
Since it is essential to the meaning of the sentence, **no**
commas are used.

More examples:

The <u>lady</u> *who* **wears the pink hat** is my Aunt Nia.

(The adjective clause **who wears the pink hat** is essential to the
meaning of this sentence. It tells us which **lady** is **Aunt Nia.**)

The <u>boy</u> *whose* **hands are blue** is cold.

(The adjective clause **whose hands are blue** is essential to the
meaning of this sentence. It tells us which **boy** is **cold**.)

7.4 Diagramming Adjective Clauses

Before we diagram an **adjective clause**, we must first **diagram** the **independent clause (main clause)**.

The <u>shoes</u> *that* she bought were too small.

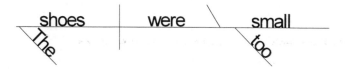

Diagram the **adjective clause** on a horizontal line below the **independent clause**. After determining the **relative pronoun's** function within the **adjective clause**, a dotted line connects the **relative pronoun** to the word it describes in the **independent clause**.

The <u>shoes</u> *that* she bought were too small.

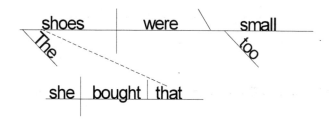

In this example, the relative pronoun **that** is the **direct object** in the **adjective clause**.

The <u>lady</u> *who wears* **the pink hat** is my Aunt Nia.

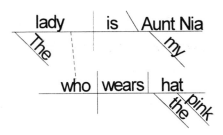

Who is the **subject** in this **adjective clause**.

The <u>boy</u> *whose* **hands are blue** is cold.

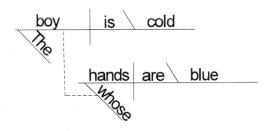

Whose modifies the **subject** of this **adjective clause**.

7.5 Adverb Clauses

An **adverb clause** is a **dependent clause** used in a sentence exactly like an **adverb**. It tells **when**, **where**, **how much**, **why**, **how often**, or **how soon** about the **verb**.

An **adverb clause** begins with a **subordinating conjunction** such as **after**, **although**, **as**, **because**, **before**, **if**, **since**, **than**, **unless**, **until**, **when**, **where**, or **while**.

Mom <u>**helps**</u> you **when you ask her**.

In this example, the adverb clause **when you ask her** modifies the verb **helps**. It tells **when**. It is a **clause** because it has a **subject** (you) and a **verb** (ask). It is an **adverb clause** because it modifies a **verb** (**helps**).

More examples:

You <u>**wash**</u> the dishes **after we eat dinner**.

(The adverb clause **after we eat dinner** modifies the verb **wash**. It tells **when**.)

Max <u>**shoveled**</u> snow **until his arms ached**.

(The adverb clause **until his arms ached** modifies the verb **shoveled**. It tells **how much**.)

Adverb clauses can come at the **beginning** or at the **end** of a sentence. Usually, **commas** set off an **adverb clause** located at the **beginning** of a sentence.

When you ask, Mom will help you.

After we eat dinner, you wash the dishes.

An **adverb clause** may also answer questions about an **adjective** or another **adverb**. These **clauses** answer **questions** such as **how much.**

The weather was **warmer than we expected**.

The adverb clause **than we expected** modifies the adjective **warmer**. It tells **how much.**

The small boy ran **faster than I did**.

The adverb clause **than I did** modifies the adverb **faster**. It tells **how much.**

7.6 Diagramming Adverb Clauses

Before we diagram an **adverb clause**, we must first **diagram** the **independent clause (main clause)**.

Mom <u>**helps**</u> you **when you ask her**.

Mom	helps	you

The **adverb clause** is then diagrammed on a horizontal line below the **independent clause**. A dotted diagonal line connects the **verb** in the **adverb clause** to the word it modifies in the **independent clause**. The **subordinating conjunction** is written on the dotted diagonal line.

Mom <u>**helps**</u> you **when you ask her**.

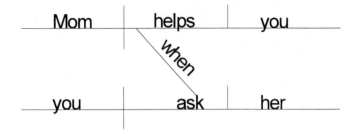

You **wash** the dishes **after we eat dinner**.

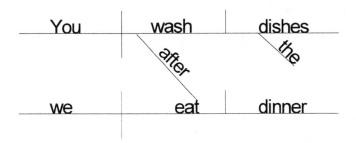

Max **shoveled** snow **until his arms ached**.

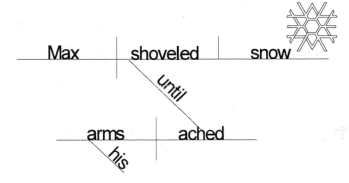

7.7 Noun Clauses

A **noun clause** is a dependent clause used in a sentence as a **subject**, **direct object**, or **predicate nominative**.

The words that generally introduce **noun clauses** are **how**, **if**, **that**, **what**, **whatever**, **when**, **whenever**, **where**, **wherever**, **whether**, **who**, **whoever**, **whom**, **whose**, and **why**.

Whoever borrowed my scarf returned it.

In this example, the noun clause **whoever borrowed my scarf** is acting as the **subject** of the sentence.

Dad described **what we caught in the pond**.

In this example, the noun clause **what we caught in the pond** is acting as the **direct object** of the sentence.

Our concern was **where we would hike**.

In this example, the noun clause **where we would hike** is acting as the **predicate nominative** of the sentence.

More examples:

What he said astonished me.

(The noun clause **what he said** acts as the **subject** in this sentence.)

I will do **whatever you want**.

(The noun clause **whatever you want** acts as the **direct object** in this sentence.)

A long vacation is **what our family needs**.

(The noun clause **what our family needs** acts as the **predicate nominative** in this sentence.)

Chapter 7 Review - Part 1

Clauses - Like a phrase, a **clause** is a group of words, but it has **both** a **subject** and a **predicate (verb)**. There are two types of **clauses**. These are **independent clauses** and **dependent clauses**.

An **independent clause** (main clause) expresses a **complete thought** and can stand alone as a **sentence**.

A **dependent clause** (subordinate clause) contains a **subject** and a **verb**, but it **cannot** stand alone as a sentence. It is **dependent** on other parts of the sentence to express a complete thought.

A **dependent clause** is introduced by either a **relative pronoun** or a **subordinating conjunction**. **Relative pronouns** are words such as **who**, **whom**, **whose**, **which**, or **that**. **Subordinating conjunctions** are words such as **after**, **although**, **as**, **because**, **before**, **if**, **since**, **unless**, **than**, **until**, **when**, **where**, or **while**.

When writing sentences, beware of **misplaced modifiers**. When **modifiers** are too far away from the word they are supposed to modify, the sentence can be **confusing** or **awkward**. Sometimes you need to add a **subject** to correct the sentence.

Structure of Sentences - Sentences are often grouped according to their structure. A sentence can be **simple**, **compound**, or **complex**.

A **simple sentence** contains **one independent clause**, and a **compound sentence** contains **two** or **more independent clauses** that are usually **joined** by a **comma** and a **coordinating conjunction** such as **and**, **but**, or **or**.

A **complex sentence** contains **one independent clause** and at least **one dependent clause** introduced by a **subordinating conjunction** or a **relative pronoun**. **Dependent clauses** occur at the **beginning**, the **middle**, or the **end** of a sentence. A **comma** usually follows a **dependent clause** that **begins** a sentence. If the **clause ends** the sentence, a comma usually does **not** precede it. **Commas** usually set off a **dependent clause** placed in the **middle** of a sentence.

A **compound-complex sentence** contains **two or more independent clauses** and **one or more dependent clauses** (subordinate clauses).

<u>**Adjective Clause**</u> - An **adjective clause (relative clause)** is a **dependent clause** used as an **adjective**. It follows the **noun** or **pronoun** it modifies and is introduced

by a **relative pronoun** such as **who**, **whom**, **whose**, **which**, or **that**.

A **nonrestrictive adjective clause** is **not** essential to the meaning of the sentence. It gives information that is **not** crucial and can be **omitted** without affecting the meaning of the sentence. **Commas** are required to set off a **nonrestrictive adjective clause** from the rest of the sentence.

A **restrictive adjective clause** is essential to the meaning of the sentence. Without it, the basic meaning of the sentence is affected. A **restrictive adjective clause** gives information needed to identify the person or thing it is modifying. **No commas** are necessary to set off a restrictive adjective clause.

Diagram Adjective Clause - Diagram the **adjective clause** on a horizontal line below the **independent clause**. After determining the **relative pronoun's** function within the **adjective clause**, a dotted line connects the **relative pronoun** to the word it describes in the **independent clause**.

The shoes **that she bought** were too small.

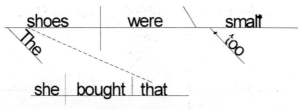

Chapter 7 Review - Part 2

Adverb Clause - An **adverb clause** is a **dependent clause** used in a sentence exactly like an **adverb**. It tells **when**, **where**, **how much**, **why**, **how often**, or **how soon** about the **verb**. An **adverb clause** begins with a **subordinating conjunction** such as **after, although, as, because, before, if, since, than, unless, until, when, where**, or **while**.

Adverb clauses can come at the **beginning** or at the **end** of a sentence. Usually, **commas** set off an **adverb clause** located at the **beginning** of a sentence.

An **adverb clause** may also answer questions about an **adjective** or another **adverb**.

Diagram Adverb Clause - The **adverb clause** is diagrammed on a horizontal line below the **independent clause**. A dotted diagonal line connects the **verb** in the **adverb clause** to the word it modifies in the **independent clause**. The **subordinating conjunction** is written on the dotted diagonal line.

Mom helps **when you ask her**.

Noun Clause - The words that generally introduce **noun clauses** are **how**, **if**, **that**, **what**, **whatever**, **when**, **whenever**, **where**, **wherever**, **whether**, **who**, **whoever**, **whom**, **whose**, and **why**.

A **noun clause** is a dependent clause used in a sentence as a **subject**, **direct object**, or **predicate nominative**.

Chapter 8

Agreement

8.1 Singular and Plural

A **verb** must **agree** with its **subject**. A **singular subject** requires a **singular verb**, and a **plural subject** requires a **plural verb**.

Singular Subject

Add an **-s** or **-es** to the present tense **verb** if the **subject** of the sentence is **singular**. When you add **-s** or **-es** to a **verb**, be sure to change the spelling when necessary.

The <u>dog</u> stand<u>s</u> near the road.
↑   ↑
Singular   Add
Subject   -s

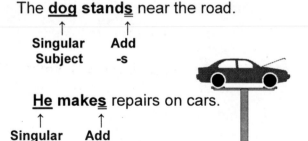

<u>He</u> make<u>s</u> repairs on cars.
↑   ↑
Singular   Add
Subject   -s

<u>She</u> catch<u>es</u> the bus every morning.
↑   ↑
Singular   Add
Subject   -es

<u>It</u> hurr<u>ies</u> around the tree.
↑   ↑
Singular   Change
Subject   Spelling
and Add
-es

Plural Subject

Do **not** add **-s** to the **verb** if the **subject** is **plural** or if the subject is one of the **pronouns I** or **you**.

The **musicians buy** sheet music.
↑ ↑
**Plural   No
Subject   -s**

We make lunch for our parents.
↑ ↑
**Plural   No
Subject -s**

They play softball every Saturday.
↑ ↑
**Plural   No
Subject -s**

I celebrate my birthday tomorrow.
↑ ↑
**Pronoun No
I   -s**

You bake delicious brownies.
↑ ↑
**Pronoun No
You   -s**

The forms of the verbs **be**, **have**, and **do** have special **singular** and **plural** forms that are easily confused.

Use **is**, **was**, **has**, or **does** if the **subject** is **singular**.

Susanna is our tennis instructor.

The **boy was** in the wrong line.

She has three sisters.

He does his chores daily.

Use **are**, **were**, **have**, or **do** if the **subject** is **plural**.

The **girls are** very hungry.

People were late for the game.

We have the wrong answer.

They do jumping jacks after lunch.

Use **am**, **was**, **have**, or **do** if the **subject** is the pronoun **I**.

I am tired.

I was early.

I have a brother.

I do dishes after breakfast.

Use **are**, **were**, **have**, or **do** if the **subject** is the pronoun **you**.

You are strong.

You were the winner.

You have a hole in your sock.

You do perfect cartwheels.

8.2 Agreement with Compound Subjects

A **compound subject** includes **two** or **more subjects joined** by a conjunction. There are different rules of **agreement** to follow for **compound subjects**.

When the parts of a **compound subject** are joined by **and**, the **compound subject** is generally **plural** and requires a **plural verb**.

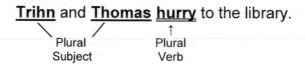

Trihn and **Thomas hurry** to the library.

Plural   Plural
Subject   Verb

In this example, the **singular** nouns **Trihn** and **Thomas** are joined by **and**. This makes the subject **plural** and requires the **plural** verb **hurry**.

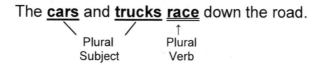

The **cars** and **trucks race** down the road.

Plural   Plural
Subject   Verb

In this example, the **plural** nouns **cars** and **trucks** are joined by **and**. This makes the subject **plural** and requires the **plural** verb **race**.

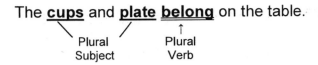

The **cups** and **plate belong** on the table.

Plural Subject

Plural Verb

In this example, the **singular** noun **plate** and the **plural** noun **cups** are joined by **and**. This makes the subject **plural** and requires the **plural** verb **belong**.

More examples:

My **sister** and my **mother are** nervous.

(The **singular** nouns **sister** and **mother** are joined by **and**, making the subject **plural**.)

The **boxes** and **letters arrive** daily.

(The **plural** nouns **boxes** and **letters** are joined by **and**, making the subject **plural**.)

Two **men** and one **woman sing** in the band.

(The **plural** noun **men** and the **singular** noun **woman** are joined by **and**, making the subject **plural**.)

The **television** and **radio were** old.

(The **singular** nouns **television** and **radio** are joined by **and**, making the subject **plural**.)

The **boys** and **girls hear** music.

(The **plural** nouns **boys** and **girls** are joined by **and**, making the subject **plural**.)

Mom and her **friends walk** every morning.

(The **singular** noun **mom** and the **plural** noun **friends** are joined by **and**, making the subject **plural**.)

When the parts of a **compound subject** are joined by
or, **either/or**, or **neither/nor**, use the form of the **verb** that
agrees with the **nearer subject**.

Trihn or **Thomas hurries** to the library.

      ↑   ↑
    Singular   Singular
    Subject   Verb

In this example, the **singular** subject **Thomas** is nearer to
the **verb**. It requires the **singular** verb **hurries**.

Either the **cars** or **trucks race** down the road.

       ↑   ↑
     Plural   Plural
     Subject Verb

In this example, the **plural** subject **trucks** is nearer to the
verb. It requires the **plural** verb **race**.

Neither the **cups** nor the **plate belongs** on the table.

       ↑   ↑
    Singular Singular
    Subject   Verb

In this example, the **singular** subject **plate** is nearer to
the **verb**. It requires the **singular** verb **belongs**.

More examples:

My <u>sister</u> or my <u>mother</u> <u>is</u> nervous.

(The **singular** subject **mother** is nearer to the **verb**. It requires the **singular** verb **is**.)

Either the <u>boxes</u> or the <u>letters</u> <u>arrive</u> daily.

(The **plural** subject **letters** is nearer to the **verb**. It requires the **plural** verb **arrive**.)

Two <u>men</u> or one <u>woman</u> <u>sings</u> in the band.

(The **singular** subject **woman** is nearer to the **verb**. It requires the **singular** verb **sings**.)

Neither the <u>television</u> nor the <u>radio</u> <u>was</u> old.

(The **singular** subject **radio** is nearer to the **verb**. It requires the **singular** verb **was**.)

Either the <u>boys</u> or the <u>girls</u> <u>hear</u> music.

(The **plural** subject **girls** is nearer to the **verb**. It requires the **plural** verb **hear**.)

<u>Mom</u> or her <u>friends</u> <u>walk</u> every morning.

(The **plural** subject **friends** is nearer to the **verb**. It requires the **plural** verb **walk**.)

8.3 Subjects in Inverted Sentences

In most sentences, the **subject** comes **before** the **verb**. In an **inverted sentence**, however, the **verb** comes **before** the **subject**. Even though the **subject** follows the **verb** in an **inverted sentence**, the **subject** and **verb** must **agree**.

Normal sentence:	The <u>**cat**</u> <u>**hides**</u> under the blankets.
Inverted Sentence:	Under the blankets <u>**hides**</u> the <u>**cat**</u>.

In both sentences **cat** is the **subject** and **hides** is the **verb**. Notice in the **inverted sentence** that the verb **hides** comes **before** the subject **cat**. The **singular** subject **cat** agrees with the **singular** verb **hides** in both sentences.

More examples:

Across the river <u>**is**</u> the <u>**house**</u>.
(The **singular** subject **house** requires the **singular** verb **is**.)

Across the river <u>**are**</u> the <u>**houses**</u>.
(The **plural** subject **houses** requires the **plural** verb **are**.)

Beside the garage <u>**sits**</u> one <u>**squirrel**</u>.
(The **singular** subject **squirrel** requires the **singular** verb **sits**.)

Beside the garage <u>**sit**</u> two <u>**squirrels**</u>.
(The **plural** subject **squirrels** requires the **plural** verb **sit**.)

Because an **inverted sentence** often **begins** with a **prepositional phrase** (such as the previous examples), the **object** of the **preposition** can be easily **mistaken** for the **subject**.

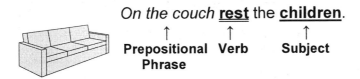

On the couch <u>**rest**</u> the <u>**children**</u>.

     ↑   ↑   ↑

Prepositional Verb   Subject
Phrase

In this example, the sentence begins with the prepositional phrase **on the couch**. Do **not** mistake the **object** of the preposition **couch** for the **subject**. The **subject** in this sentence is the plural noun **children** and the verb **rest** must **agree** with it. Remember that the **subject** follows the **verb** in an **inverted sentence**.

More examples:

Through the trees <u>**runs**</u> the <u>**dog**</u>.
(The **singular** subject **dog** requires the **singular** verb **runs**.)

Along the beach <u>**walk**</u> the <u>**boys**</u>.
(The **plural** subject **boys** requires the **plural** verb **walk**.)

Between the two girls <u>**sits**</u> <u>**Robert**</u>.
(The **singular** subject **Robert** requires the **singular** verb **sits**.)

Into the deep water <u>**swim**</u> the <u>**whales**</u>.
(The **plural** subject **whales** requires the **plural** verb **swim**.)

Inverted sentences often **begin** with the word **there**, **here**, or **where**. These words are almost **never** the subject of a sentence.

Here **is** your **hat**.

There **are** my **mittens**.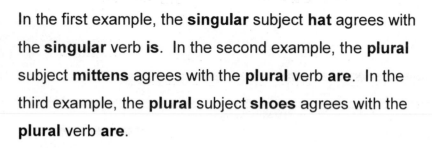

Where **are** your **shoes**?

In the first example, the **singular** subject **hat** agrees with the **singular** verb **is**. In the second example, the **plural** subject **mittens** agrees with the **plural** verb **are**. In the third example, the **plural** subject **shoes** agrees with the **plural** verb **are**.

More examples:

Here **is** the **bus**.
(The **singular** subject **bus** requires the **singular** verb **is**.)

Here **are** the **directions** for the game.
(The **plural** subject **directions** requires the **plural** verb **are**.)

There **is** a **slide** in the park.
(The **singular** subject **slide** requires the **singular** verb **is**.)

There **are** no **cookies** in the pantry.
(The **plural** subject **cookies** requires the **plural** verb **are**.)

Where **is** my **money**?
(The **singular** subject **money** requires the **singular** verb **is**.)

Where **are** your **brothers**?
(The **plural** subject **brothers** requires the **plural** verb **are**.)

8.4 Words Between the Subject and Verb

Sometimes a **phrase** comes between a **subject** and its **verb**. This, however, does **not** affect the **subject-verb agreement**.

The <u>**girls**</u> *in the museum* <u>**sit**</u> quietly.

In this example, the **plural** subject **girls** agrees with the **plural** verb **sit**. The prepositional phrase **in the museum** does **not** affect the **subject-verb agreement**.

More examples:

The <u>**dinner**</u> *for the children* <u>**smells**</u> delicious.
(The **singular** subject **dinner** agrees with the **singular** verb **smells**.)

<u>**Flowers**</u> *in our garden* <u>**grow**</u> quickly.
(The **plural** subject **flowers** agrees with the **plural** verb **grow**.)

The <u>**computers**</u> *at the library* <u>**run**</u> slowly.
(The **plural** subject **computers** agrees with the **plural** verb **run**.)

Sometimes a **clause** separates a **subject** from its **verb**. Again, this does **not** affect **subject-verb agreement**.

The **<u>man</u>** *who lives next door* **<u>drives</u>** carefully.

In this example, the **singular** subject **man** agrees with the singular verb **drives**. The clause **who lives next door** does **not** affect the **subject-verb agreement**.

More examples:

The **<u>dog</u>** *that jumped the fence* **<u>barks</u>** uncontrollably.
(The **singular** subject **dog** agrees with the **singular** verb **barks**.)

The **<u>boys</u>** *who just joined the team* **<u>practice</u>** every day.
(The **plural** subject **boys** agrees with the **plural** verb **practice**.)

The **<u>car</u>** *that Uncle Thomas bought* **<u>was</u>** expensive.
(The **singular** subject **car** agrees with the **singular** verb **was**.)

8.5 Collective Noun Agreement

As we learned in lesson 1.1, a **collective noun** names a **group** of **people** or **things**.

Usually a **collective noun** refers to a **group** acting as a **unit** and requires a **singular verb**.

The **jury** **returns** a unanimous verdict.

In this example, the collective noun **jury** is **singular** since it refers to the entire **group** of **people**. The **group** is acting as **one**, making the verb **singular**.

More examples:

The **class** **waits** for the teacher.
(The **singular** collective noun **class** requires the **singular** verb **waits**.)

The **cast** **rehearses** daily.
(The **singular** collective noun **cast** requires the **singular** verb **rehearses**.)

On some occasions, a **collective noun** refers to a **group** acting as **separate individuals**, and it requires a **plural verb**. In this instance, each individual is acting **separately** instead of the whole group doing one thing together.

The **jury** **express** their own opinions on the evidence.

In this example, the collective noun **jury** is **plural** since it refers to the **individual** members of the **group**. The members of the **group** are acting **independently** of each other. They are **not** acting together as a **group**. This makes the verb **plural**.

More examples:

The **class** **begin** their own assignments.
(The **plural** collective noun **class** requires the **plural** verb **begin**.)

The **cast** **rehearse** their individual lines.
(The **plural** collective noun **class** requires the **plural** verb **rehearse**.)

Collective Nouns

swarm	bunch	fleet	set	hive
crowd	committee	team	group	pack
squadron	orchestra	school	herd	nest
family	crew	convoy	class	band
audience	cluster	army	gang	staff

8.6 Words Stating Amount

Some words express an **amount** such as **money**, **time**, **weight**, or **measurement**. These words, although they appear to be plural, are usually **singular** and require a **singular verb**.

In these examples, the **subjects** agree with the **verbs**.

Money: <u>Six dollars</u> <u>covers</u> the cost of the ticket.

In this example, **six dollars** equals **one sum** of **money**. The subject **six dollars** is **singular** and requires the **singular** verb **covers**.

Time: <u>Two weeks</u> <u>was</u> enough time for our vacation.

In this example, **two weeks** equals **one sum** of **time**. The subject **two weeks** is **singular** and requires the **singular** verb **was**.

Weight: <u>Eight ounces</u> of steak <u>**was**</u> all she ate.

In this example, **eight ounces** equals **one sum** of **weight**. The subject **eight ounces** is **singular** and requires the **singular** verb **was**.

Measurement: <u>Four feet **is**</u> the depth of the pool.

In this example, **four feet** equals **one sum** of **measurement**. The subject **four feet** is **singular** and requires the **singular** verb **is**.

More examples:

<u>Three cups</u> of sugar <u>**is**</u> required for the recipe.

(The subject **three cups** is **singular** which requires the **singular** verb **is**.)

<u>Two ounces</u> of medicine <u>**was**</u> the recommended dose.

(The subject **two ounces** is **singular** which requires the **singular** verb **was**.)

8.7 Titles as Subjects

The **title** of a **book** or a **work of art** is **singular**, even when it looks or sounds plural, and it **must** have a **singular verb**.

> ***Great Expectations*** **was** a great book.

> ***A Girl with a Watering Can*** **is** a beautiful painting.

In the first example, ***Great Expectations*** is the **title** of **one book**. The subject ***Great Expectations*** is **singular** and requires the **singular** verb **was**. In the second example, ***A Girl with a Watering Can*** is the **title** of **one work of art**. The subject ***A Girl with a Watering Can*** is **singular** and requires the **singular** verb **is**.

More examples:

Sunflowers by Vincent Van Gogh **hangs** in the Metropolitan Museum of Art.

(The subject ***Sunflowers*** is **singular** which requires the **singular** verb **hangs**.)

Island of the Blue Dolphins **was** a gift from my sister.

(The subject ***Island of the Blue Dolphins*** is **singular** which requires the **singular** verb **was**.)

Company names and **place names** also require **singular verbs**, even if they look or sound plural.

The law firm **Davis and Baker** **represents** my uncle in his lawsuit.

The **Netherlands** **is** a densely populated country.

In the first example, **Davis and Baker** is the **name** of **one company**. The subject **Davis and Baker** is **singular** and requires the **singular** verb **represents**. In the second example, **Netherlands** is the **name** of **one place**. The subject **Netherlands** is **singular** and requires the **singular** verb **is**.

More examples:

Johnson and Johnson **makes** many consumer products.

(The subject **Johnson and Johnson** is **singular** which requires the **singular** verb **makes**.)

The **United States** **is** south of Canada.

(The subject **United States** is **singular** which requires the **singular** verb **is**.)

8.8 Plural-Looking Subjects

Some **nouns** end in **-s** but are actually **singular** in meaning and require **singular verbs**.

Some are similar to collective nouns because they name **single units** of things, and some name **branches** of **knowledge**.

The **news was** on later than scheduled.

Physics is my favorite subject.

In the first example, **news** is a **singular noun** referring to **a single unit** of **information**. It requires the **singular** verb **was**. In the second example, **physics** is a **singular noun** referring to **a single branch** of **knowledge**. It requires the **singular** verb **is**.

More examples:

Mumps is caused by a virus.
(The subject **mumps** is **singular** and requires the **singular** verb **is**.)

Mathematics was my father's major in college.
(The subject **mathematics** is **singular** and requires the **singular** verb **was**.)

Some **nouns** that end in **-s** are actually **singular in meaning** but take **plural verbs**.

The new **<u>scissors</u> <u>are</u>** in the top drawer.

In this example, even though **scissors** is a **singular** noun referring to **one** pair of **scissors**, it requires the **plural** verb **are**.

More examples:

His small **<u>pliers</u> <u>break</u>** every time he uses them.
(The subject **pliers** is **singular** but in this case requires the **plural** verb **break**.)

Your blue **<u>trousers</u> <u>are</u>** clean.
(The subject **trousers** is **singular** but in this case requires the **plural** verb **are**.)

Her **<u>glasses</u> <u>were</u>** sliding down her nose.
(The subject **glasses** is **singular** but in this case requires the **plural** verb **were**.)

8.9 Pronoun and Antecedent Agreement

The **antecedent** is the word or words that a pronoun renames.

The **pronoun** must agree with the **antecedent** in **number** (see lesson 1.4).

Singular: ***Sherry*** washed dishes after **she** ate dinner.

In this example, the **singular** pronoun **she** renames the **singular** noun **Sherry**. The pronoun **she** and its antecedent **Sherry** agree in **number**.

Plural: The ***girls*** said **they** were tired.

In this example, the **plural** pronoun **they** renames the **plural** noun **girls** and the article **the**. The pronoun **they** and its antecedent **girls** agree in **number**.

More examples:

A ***boy*** asked if **he** could have a glass of water.

(The **singular** pronoun **he** renames the **singular** noun **boy** and the article **a**.)

Kyra and I stayed so **we** could clean.

(The **plural** pronoun **we** renames the nouns **Kyra and I**. **Two** or **more antecedents** joined by **and** are considered **plural** and are renamed by a **plural** pronoun.)

The **pronoun** must **agree** with its **antecedent** in **person** (see lesson 1.4).

First Person: **Mary** said, "I collect old coins."

In this example, the pronoun I is **first person.** The antecedent **Mary** is the person **speaking.** She is referring to herself.

Second Person: **Jared, you** seem excited.

In this example, the pronoun **you** is **second person.** The antecedent **Jared** is the person who is being **spoken to.**

Third Person: **George** sits quietly at **his** desk.

In this example, the pronoun **his** is **third person. His** refers to **George,** who is the person being **discussed.**

More examples:

"Is that **my** camera?" asked *Ruby*.
(The pronoun **my** is **first person.** The antecedent **Ruby** is the person **speaking.** She is referring to herself.)

Monique, may Lisa see **your** book?
(The pronoun **your** is **second person.** The antecedent **Monique** is the person who is being **spoken to.**)

Kristin and Jacob have made **their** beds.
(The pronoun **their** is **third person. Their** refers to **Kristin and Jacob,** who are the people being **discussed.**)

The **pronoun** must **agree** with its **antecedent** in **case** (see lessons 1.4 and 5.7).

Personal **pronouns** have three cases: **nominative**, **objective**, and **possessive**.

Nominative Case

Jacob is hungry. → **He** is hungry.

In this example, the pronoun **he** replaces **Jacob**, which is the **subject** of the sentence. A **pronoun** used as the **subject** of a sentence or as a **predicate nominative** is a **nominative case pronoun**. **He** is a **nominative case pronoun**.

More examples:

The funny girl is **Kristin**. → The funny girl is **she**.

(The **nominative** case pronoun **she** replaces the proper noun **Kristin**, which is the **predicate nominative** in this sentence.)

The **boys** need help. → **They** need help.

(The **nominative** case pronoun **they** replaces the noun **boys** and the article **the**. **Boys** is the **subject** in this sentence.)

Objective Case

Mom fed **Jacob**. → Mom fed **him**.

In this example, the pronoun **him** replaces **Jacob** which is the **direct object** of the sentence. A **pronoun** used in the **predicate** part of the sentence (such as a **direct object**, **indirect object**, or an **object** of the **preposition**) is an **objective case pronoun**. **Him** is an **objective case pronoun**.

More examples:

I handed **Jalisa** a cookie. → I handed **her** a cookie.

(The **objective** case pronoun **her** replaces the proper noun **Jalisa**, which is the **indirect object** in this sentence.)

Bob smiled at the **children**. → Bob smiled at **them**.

(The **objective** case pronoun **them** replaces the noun **children** and the article **the**.   **Children** is the **object of the preposition** in this sentence.)

Possessive Case

That food is **Jacob's**. → That food is **his**.

In this example, the pronoun **his** replaces **Jacob's** which is a **possessive noun**. A **pronoun** used in place of a possessive noun to show **possession** is a **possessive case pronoun**. **His** is a **possessive pronoun**.

More examples:

The poem is **Raquel's**. → The poem is **hers**.

(The **possessive** pronoun **hers** replaces **Raquel's**, which is a possessive noun.)

Those skates are the **girls'**. → The skates are **theirs**.

(The **possessive** pronoun **theirs** replaces **girls'** and the article **the**. **Girls'** is a **possessive noun**.)

The **pronoun** must **agree** with its **antecedent** in gender. **Gender** shows whether the **pronoun** is **masculine** (male), **feminine** (female), or **neuter** (neither masculine nor feminine).

Masculine

If the **boy** is bored, **he** can read.

In this example, the pronoun **he** is **masculine**. **He** refers to **boy**, which is also **masculine**.

Feminine

My **sister** watched **her** favorite movie.

In this example, the pronoun **her** is **feminine**. **Her** refers to **sister**, which is also **feminine**.

Neuter

The **building** is shifting on **its** foundation.

In this example, the pronoun **its** is a **neuter** gender pronoun. **Its** refers to **building**, which is neither masculine nor feminine.

	Nominative	Objective	Possessive
Singular			
First Person (the speaker)	I	me	my, mine
Second Person (the person addressed)	you	you	your, yours
Third Person (person or thing being discussed)	he, she, it	him, her, it	his, her, hers, its
Plural			
First Person (the speaker)	we	us	our, ours
Second Person (the person addressed)	you	you	your, yours
Third Person (person or thing being discussed)	they	them	their, theirs

8.10 Indefinite Pronoun Agreement

When an **indefinite pronoun** (see lesson 1.7) is the **subject** of a sentence, it must **agree** with its **verb**.

Some **singular indefinite pronouns** are **anybody**, **anyone**, **no one**, **each**, **either**, **everybody**, **everyone**, **neither**, **nobody**, **one**, **someone**, and **somebody**. They require **singular verbs**.

 <u>**Everybody plays**</u> the game.

In this example, the indefinite pronoun **everybody** is **singular**, which requires the **singular** verb **plays**.

More examples:

<u>**No one complains**</u> about the noise.

(The indefinite pronoun **no one** is **singular**, which requires the **singular** verb **complains**.)

<u>**Each was**</u> out of place.

(The indefinite pronoun **each** is **singular**, which requires the **singular** verb **was**.)

<u>**Either sounds**</u> interesting.

(The indefinite pronoun **either** is **singular**, which requires the **singular** verb **sounds**.)

<u>**Someone needs**</u> to help me.

(The indefinite pronoun **someone** is **singular**, which requires the **singular** verb **needs**.)

Some **plural indefinite pronouns** are **both, few, many**, and **several**. They require **plural verbs**.

<u>Both</u> <u>look</u> tired.

In this example, the indefinite pronoun **both** is **plural**, which requires the **plural** verb **look**.

More examples:

<u>Few</u> <u>arrive</u> early.

(The indefinite pronoun **few** is **plural**, which requires the **plural** verb **arrive**.)

<u>Many</u> <u>take</u> notes.

(The indefinite pronoun **many** is **plural**, which requires the **plural** verb **take**.)

<u>Several</u> <u>are</u> finished.

(The indefinite pronoun **several** is **plural**, which requires the **plural** verb **are**.)

The indefinite pronouns **all**, **any**, **most**, **none**, and **some** are either **singular** or **plural**. You can tell whether they are singular or plural by looking at the word to which they refer.

Some of the *fence* **is** painted.

Some of the *fences* **are** painted.

In the first example, the indefinite pronoun **some** refers to the **singular** noun **fence**. It requires the **singular** verb **is**. In the second example, **some** refers to the **plural** noun **fences**. It requires the **plural** verb **are**.

More examples:

None of the *car* **was** wrecked.

(The indefinite pronoun **none** refers to the **singular** noun **car**, which requires the **singular** verb **was**.)

None of the *cars* **were** wrecked.

(The indefinite pronoun **none** refers to the **plural** noun **cars**, which requires the **plural** verb were.)

Most of the *library* **requires** new books.

(The indefinite pronoun **most** refers to the **singular** noun **library**, which requires the **singular** verb **requires**.)

Most of the *libraries* **require** new books.

(The indefinite pronoun **most** refers to the **plural** noun **libraries**, which requires the **plural** verb **require**.)

If the **indefinite pronoun** is the **antecedent** for another **pronoun**, make sure it agrees with that **pronoun**.

Neither of the *boys* has **his** hat.

Several of the *girls* brought **their** lunches.

In the first example, the **singular** pronoun **his** agrees with the **singular** indefinite pronoun **neither**. In the second example, the **plural** pronoun **their** agrees with the **plural** indefinite pronoun **several**.

More examples:

One of the *women* found **her** seat.
(The **singular** pronoun **her** agrees with the **singular** indefinite pronoun **one**.)

All of the *people* wore **their** hats.
(The **plural** pronoun **their** agrees with the **plural** indefinite pronoun **all**.)

<u>Chapter 8 Review - Part 1</u>

<u>**Singular and Plural**</u> - A **verb** must **agree** with its **subject**. A **singular subject** requires a **singular verb**, and a **plural subject** requires a **plural verb**.

- Add an **-s** or **-es** to the present tense **verb** if the **subject** of the sentence is a **singular noun** or **he**, **she**, or **it**.

- Do **not** add **-s** to the **verb** if the **subject** of the sentence is a **plural noun** or **we**, **they**, **I**, or **you**.

- The forms of the verbs **be**, **have**, and **do** have special **singular** and **plural** forms that are easily confused.

- Use **is**, **was**, **has**, or **does** if the **subject** is **singular**.

- Use **are**, **were**, **have**, or **do** if the **subject** is **plural**.

- Use **am**, **was**, **have**, or **do** if the **subject** is the pronoun **I**.

- Use **are**, **were**, **have**, or **do** if the **subject** is the pronoun **you**.

<u>**Agreement with Compound Subjects**</u> - There are different rules of **agreement** to follow for **compound subjects**.

- When the parts of a **compound subject** are joined by **and**, the **compound subject** is generally **plural** and requires a **plural verb**.

- When the parts of a **compound subject** are joined by **or**, **either/or**, or **neither/nor**, use the form of the **verb** that agrees with the **nearer subject**.

Subjects in Inverted Sentences - In most sentences, the **subject** comes **before** the **verb**. In an **inverted sentence**, however, the **verb** comes **before** the **subject**. Even though the **subject** follows the **verb** in an **inverted sentence**, the **subject** and **verb** must **agree**.

Because an **inverted sentence** often **begins** with a **prepositional phrase**, the **object** of the **preposition** can be easily **mistaken** for the **subject**.

Inverted sentences often **begin** with the word **there**, **here**, or **where**. These words are almost **never** the subject of a sentence.

Words Between the Subject and Verb - Sometimes a **phrase** comes between a **subject** and its **verb**. This, however, does **not** affect the **subject-verb agreement**.
Sometimes a **clause** separates a **subject** from its **verb**. Again, this does **not** affect **subject-verb agreement**.

<u>Collective Noun Agreement</u> - Usually a **collective noun** refers to a **group** acting as a **unit** and requires a **singular verb**.

On some occasions, a **collective noun** refers to a **group** acting as **separate individuals**, and it requires a **plural verb**. In this instance, each individual is acting **separately** instead of the whole group doing one thing together.

Chapter 8 Review - Part 2

Words Stating Amount - Some words express an **amount** such as **money**, **time**, **weight**, or **measurement**. These words, although they appear to be plural, are usually **singular** and take a **singular verb**.

Titles as Subjects - The **title** of a **book** or a **work of art** is **singular**, even when it looks or sounds plural, and it **must** have a **singular verb**.

Company names and **place names** also take **singular verbs**, even if they look or sound plural.

Plural-Looking Subjects - Some **nouns** end in **-s** but are actually **singular** in meaning and take **singular verbs**.

Some nouns are similar to collective nouns because they name **single units** of things, and some name **branches** of **knowledge**.

Some **nouns** that end in **-s** are actually **singular** in **meaning** but require **plural verbs**.

Pronoun and Antecedent Agreement - The **antecedent** is the word or words that a pronoun renames.

- The **pronoun** must agree with the **antecedent** in **number**.

- The **pronoun** must **agree** with its **antecedent** in **person**.

- The **pronoun** must **agree** with its **antecedent** in **case**. Personal **pronouns** have three cases: **nominative**, **objective**, and **possessive**.

- The **pronoun** must **agree** with its **antecedent** in **gender**. **Gender** shows whether the **pronoun** is **masculine** (male), **feminine** (female), or **neuter** (neither masculine nor feminine).

Indefinite Pronoun Agreement - When an **indefinite pronoun** is the **subject** of a sentence, it must **agree** with its **verb**.

Some **singular indefinite pronouns** are **anybody**, **anyone**, **no one**, **each**, **either**, **everybody**, **everyone**, **neither**, **nobody**, **one**, **someone**, and **somebody**. They require **singular verbs**.

Some **plural indefinite pronouns** are **both**, **few**, **many**, and **several**. They require **plural verbs**.

The indefinite pronouns **all**, **any**, **most**, **none**, and **some** are **either** singular or plural. You can tell whether they are singular or plural by looking at the word in the sentence to which they refer.

If the **indefinite pronoun** is the **antecedent** for another **pronoun**, make sure it agrees with that **pronoun**.

Chapter 9

Mechanics, Vocabulary, Usage

9.1 Commas in Sentences

Use **commas** after **introductory words, phrases,** or **clauses**.

Word: Yes, I am hungry.

Phrase: Interested in spiders, Tom held the tarantula.

Clause: After I finish this book, I will write a report.

Use **commas** between **items** in a **series**. The items may be single words or groups of words. Do not use a comma after the last item in the series.

They sell birds, lizards, turtles, and fish at the pet store.

We hiked to the park, ate lunch, and played ball today.

Use **commas** to set off most **appositives** from the rest of the sentence. Do not use commas with an appositive when it is needed to identify the noun it follows. See lesson 6.5.

Mia Davis, a friend of my sister, borrowed my sweater.

Chicago, large and windy, is by the water.

Use **commas** to set off **nouns of direct address** from the rest of the sentence.

<u>Montel</u>, that movie was wonderful!

I don't know, <u>Nico</u>, if the clock can be fixed.

What did you find, <u>Shamar</u>?

Use a **comma** before the **conjunction** that joins the two independent clauses of a **compound sentence**.

Mia bought candy, *but* Curt decided to save his money.

We wanted pizza for dinner, *but* we ate pasta instead.

Mike had two tickets to the concert, *and* he invited me.

9.2 Other Punctuation in Sentences

Use a **colon** between the **hour** and the **minute** in time.

We met Uncle Darren at 7:30 this morning.

It is now 1:37.

Also, use a **colon** before a **list** of **three or more items**.

Joe and I discussed many things: books, food, and pets.

This summer we plan to visit a few states: Texas, Oklahoma, Arkansas, and Louisiana.

Do **not** use a **colon** immediately **after** a **verb** or a **preposition**. Either leave out the colon or reword the sentence.

Incorrect: My favorite authors are: Jane Austen, Charlotte Bronte, and Jules Verne.

Correct: My favorite authors are Jane Austen, Charlotte Bronte, and Jules Verne.

Correct: My favorite authors include the following: Jane Austen, Emily Bronte, and Jules Verne.

Incorrect: Kristin purchased books about: snakes, bears, horses, and lions.

Correct: Kristin purchased books about snakes, bears, horses, and lions.

Correct: Kristin purchased books about the following: snakes, bears, horses, and lions.

Use a **hyphen** when it's necessary to divide a word at the end of a line. Always divide the word between syllables. Place the hyphen at the end of a syllable, then write the next part of the word on the following line.

cap-i-tal-ize

Incorrect: My sister always forgets to ca-pitalize proper nouns.

Correct: My sister always forgets to capi-talize proper nouns.

A **hyphen** should only be placed at the end of the first line and not at the beginning of the second line.

Incorrect: The young boy did not under
                    -stand the assignment.

Correct: The young boy did not under-
                    stand the assignment.

Use a **hyphen** to write out the names of **compound numbers**.

Uncle Ralph paid seventy-five dollars to rent a boat.

My older sister turns twenty-one this summer.

9.3 Capitalization

Capitalize **proper nouns**. A **proper noun** names a **particular** person, place, or thing. If a proper noun is more than one word, do **not** capitalize unimportant words such as **of** or **the**.

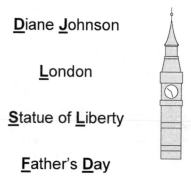

<u>D</u>iane <u>J</u>ohnson

<u>L</u>ondon

<u>S</u>tatue of <u>L</u>iberty

<u>F</u>ather's <u>D</u>ay

Capitalize **abbreviations**, **initials**, and **titles** that are included with a **proper noun**.

<u>M</u>iss Gustav

<u>M</u>r. Boaz Efron, <u>J</u>r.

<u>D</u>r. Juliana <u>S</u>. Sabato

<u>M</u>rs. <u>H</u>. <u>G</u>. White

Capitalize **proper adjectives**. A **proper adjective** is formed from a **proper noun**.

We met the <u>C</u>hinese ambassador.

My family loves to eat <u>M</u>exican food.

This house is an example of <u>V</u>ictorian architecture.

Many of my friends are <u>F</u>rench.

Proper adjectives are often used with **common nouns**. Do **not** capitalize the **common noun**.

African traditions

Italian bread

Japanese language

Indian tapestry

Capitalize the pronoun I.

<u>I</u> am extremely hungry.

Desiree and <u>I</u> walked to the post office.

9.4 Abbreviations

An **abbreviation** is a shortened form of a word or phrase. Most abbreviations **begin** with a **capital letter** an **end** with a **period**.

Abbreviations for the **days** of the **week** and **months** begin with a capital letter and end with a **period**. The months **May**, **June**, and **July** are **rarely** abbreviated.

Days of
the **week**:   Mon. → Monday   Fri. → Friday

Tues. → Tuesday   Sat. → Saturday

Wed. → Wednesday   Sun. → Sunday

Thurs. → Thursday

Months of
the **year**:   Jan. → January   Sept. → September

Feb. → February   Oct. → October

Mar. → March   Nov. → November

Apr. → April   Dec. → December

Aug. → August

Abbreviations for **geographical** terms **before** or **after** a **proper noun** begin with a **capital letter** and end with a **period**.

Ave. → Avenue	**D**r. → Drive	**C**t. → Court
Blvd. → Boulevard	**S**t. → Street	**R**d. → Road
Apt. → Apartment	**B**ldg. → Building	**P**k. → Park
Dist. → District	**T**err. → Territory	**R**te. → Route
Mt. → Mountain	**N**atl. → National	**C**o. → County

Do **not** use **periods** when writing postal **abbreviations** of the **fifty states**, **Canadian provinces**, and **territories**. **Capitalize** both letters used for these **abbreviations**.

MT → Montana	**ID** → Idaho
AZ → Arizona	**OK** → Oklahoma
QC → Quebec	**ON** → Ontario
AB → Alberta	**NB** → New Brunswick
GU → Guam	**AS** → American Samoa

Some **common nouns** such as **traditional measurements**, **clock times**, and various **calendar** items are **abbreviated**.

These **abbreviations** are **followed** by a **period**, but they are **not capitalized**.

The **abbreviation** for **Fahrenheit** is the exception to this rule. It is **capitalized** and usually followed by a **period**.

in. → inch	oz. → ounce	sec. → second
ft. → foot	lb. → pound	min. → minute
yd. → yard	pt. → pint	hr. → hour
mi. → mile	qt. → quart	wk. → week
tsp. → teaspoon	gal. → gallon	mo. → month
tbsp. → tablespoon	doz. → dozen	yr. → year
F. → Fahrenheit		

The **abbreviations** of **metric measurements** are **not** followed by a **period**.

mm → millimeter   **g** → gram

cm → centimeter   **kg** → kilogram

m → meter   **L** → liter

km → kilometer   **C** → Celsius

The **abbreviations** for **time before noon** and **after noon** are written with either **capital** or **lowercase letters**, each letter **followed** by a **period**.

A.M. -or- **a.m.** → before noon

P.M. -or- **p.m.** → after noon

9.5 Titles

Capitalize the **first word**, the **last word**, and all **important words** in a **title**. Short words such as **a**, **an**, **and**, **the**, and **but** are **not** capitalized unless they are the **first** or **last word** in a **title**.

Put **quotation marks** around the **titles** of **short stories**, **poems**, **newspaper stories**, **songs**, and **chapters** of a **book**.

Short Story: "The Gift of the Magi"

Poem: "The Road Not Taken"

Newspaper Story: "New Library Opens"

Song: "Return to Me"

Book Chapter: "Off to the Fair"

Underline the **titles** of **books**, **magazines**, **newspapers**, **plays**, **movies**, **television shows**, **paintings**, or **sculptures**. In **printed** materials these titles appear in **italics**.

Book: <u>Charlotte's Web</u>

Magazine: <u>Sports Illustrated</u>

Newspaper: <u>Los Angeles Times</u>

Play: <u>Hamlet</u>

Movie: <u>The Wizard of Oz</u>

Television Show: <u>Little Rascals</u>

Painting: <u>Sunflowers</u>

Sculpture: <u>The Thinker</u>

9.6 Direct Quotations

In our writing, we often want to include the exact words that a person has spoken. This is called a **direct quotation**. There are certain rules to follow when writing a **direct quotation**.

Use **quotation marks** before and after a person's **exact words**.

> "I want to go home," said Liam.
> Gregory asked, "Will you help me?"

Capitalize the **first word** in a **quotation**, even if it is not the first word in the entire sentence.

> "<u>E</u>at your carrots," said Mom.
> Dad said, "<u>T</u>he radio is too loud."

Use a **comma** to separate the **quotation** from the rest of the sentence. If the **quotation** comes **first** in the **sentence**, a **comma**, **exclamation mark**, or **question mark** is placed inside the **quotation marks**. A **period** is placed at the end of the **sentence**.

> "I have a blue helmet**,**" Brad said**.**
> "I got a new skateboard**!**" Tyson exclaimed**.**
> "Did you get a new bike**?**" Aidan asked**.**

If the **quotation** comes **last**, a **comma** is placed **before** the **quotation** and the **ending punctuation** is placed **inside** the **quotation marks**.

Audra said, "This chili is delicious."

Caleb exclaimed, "I'm lost!"

Pearl asked, "What book are you reading?"

If the **quotation** is **interrupted** by other words in the sentence, only use **quotation marks** around the person's **exact words**. The **direct quotation** is set apart from the sentence by **commas**. Use a **lowercase** letter to begin the second part of the **sentence**.

"I think," said Tony, "that the fair opens today."

"The answer," exclaimed Lelia, "is wrong!"

Sometimes an **interrupted quotation** is actually **two sentences**. Place a **period** after the first sentence. Use a **capital letter** to begin the new sentence.

"I lost my ring," declared Neil. "Did you take it?"

"My car is in the garage," said Jerry. "It has a flat tire."

9.7 Synonyms and Antonyms

A **synonym** is a word that has **nearly** the **same meaning** as another word.

strong

powerful, mighty, robust, hearty, brawny, muscular

The words listed below **strong** are some of its **synonyms**. They mean **nearly the same** as **strong**.

More examples:

help / aid	hire / employ
cold / freezing	large / huge
noisy / loud	nice/ pleasant
bright / brilliant	good / pure
frighten / terrify	beautiful / lovely
old / antique	bad / horrible
angry / mad	easy / simple
short / petite	hairy / furry
hard / firm	silly / funny
sharp / pointed	early / prompt
above / over	night / evening
wet / damp	shout / yell
different / various	vanish / disappear
expert / authority	seize / grab
agree / consent	common / ordinary
finish / complete	urgent / critical
climb / rise	cheap / inexpensive

An **antonym** is a word that means the **opposite** of another word.

strong

weak, feeble, frail, fragile, infirm, decrepit

The words listed below **strong** are some of its **antonyms**. They mean the **opposite** of **strong**.

More examples:

help / harm	hire / fire
cold / hot	large / tiny
noisy / quiet	nice / mean
bright / dark	good / awful
frighten / calm	beautiful / ugly
old / young	bad / superb
angry / happy	easy / difficult
short / tall	hairy / bald
hard / soft	silly / serious
sharp / dull	early / late
above / below	night / day
wet / dry	shout / whisper
different / same	vanish / appear
expert / novice	seize / release
agree / deny	common / unusual
finish / begin	urgent / unimportant
climb / fall	cheap / costly

9.8 Homophones, Homographs, and Heteronyms

Homophones are words that have the **same pronunciation** but have **different meanings** and are **spelled differently**.

cent - a penny

sent - past tense of send

scent - a smell

The three words in bold above are **homophones**. They have the **same pronunciation**, but they are **spelled differently** and have **different meanings**.

aloud - vocally	↔	**allowed** - permitted
deer - animal	↔	**dear** - beloved
hear - perceive by the ear	↔	**here** - in this place
raise - move something higher	↔	**rays** - beams of light
blew - past tense of blow	↔	**blue** - color
road - surface for vehicles	↔	**rode** - past tense of ride
bear - animal	↔	**bare** - not covered
beach - area near a seashore	↔	**beech** - a tree
flew - past tense of fly	↔	**flu** - viral illness
seen - past tense of saw	↔	**scene** - part of play
son - male child	↔	**sun** - star
pane - section of window	↔	**pain** - physical suffering
our - belonging to us	↔	**hour** - 60 minutes
manor - main house on an estate	↔	**manner** - a way of doing
soared - increased rapidly	↔	**sword** - a weapon
break - past tense of broke	↔	**brake** - device that stops
knot - tangled mass	↔	**not** - negative

Homographs are words that have the **same spelling** and **pronunciation** but **different meanings**.

fair - light-colored

fair - annual outdoor even

fair - reasonable

The three words in bold above are **homographs**. They have the **same spelling** and **pronunciations**, but they have **different meanings**.

sheet - single piece of paper	↔	**sheet** - bed covering
bark- outer layer of tree	↔	**bark** - cry of a dog
bat - club used in sports	↔	**bat**- flying mammal
down - soft fluffy feathers	↔	**down** - to a lower place
fine - a monetary penalty	↔	**fine** - satisfactory
grave - serious in manner	↔	**grave** - burial place
fly - to move through the air	↔	**fly** - type of insect
kind - feeling or caring	↔	**kind** - type of things
left - opposite of right	↔	**left** - past tense of leave
trip - action that causes a fall	↔	**trip** - journey
wave - large ripple in water	↔	**wave** - motion with hand
tire - rubber edging of a wheel	↔	**tire** - grow weary
curb - edge of street	↔	**curb** - to restrain
saw - tool for cutting	↔	**saw** - past tense of see
cell - basic unit of living things	↔	**cell** - small room
bear - large, furry animal	↔	**bear** - tolerate
just - fair or impartial	↔	**just** - barely

Heteronyms are types of homographs that have the **same spelling** but **different meanings** and **different pronunciations**.

refuse - deny something
refuse - garbage

The two words in bold above are **heteronyms**. They have the **same spelling** but they have **different pronunciations** and **different meanings**.

tear - fluid from eye	↔	**tear** - pull apart
bow - to bend forward	↔	**bow** - looped knot
lead - chemical element	↔	**lead** - guide somebody
close - shut an opening	↔	**close** - near in time
wound - past tense of wind	↔	**wound** - injury
produce - make something	↔	**produce** - garden crop
desert - abandon a place	↔	**desert** - dry area
bass - musical instrument	↔	**bass** - fish
dove - bird of pigeon family	↔	**dove** - past tense of dive
object - something tangible	↔	**object** - to be opposed
does - multiple female deer	↔	**does** - performs
sewer - one who sews	↔	**sewer** - drain for waste
sow - to scatter plant seed	↔	**sow** - female hog
wind - wrap something around	↔	**wind** - moving air
number - used in counting	↔	**number** - more numb
convict - to find guilty	↔	**convict** - a prisoner
minute - 60 seconds	↔	**minute** - very small

9.9 Confusing Words 1

Many words cause trouble because they sound alike. The sets of words **your/you're**, **its/it's**, and **whose/who's** can be confused for this reason. They sound alike but have **different meanings** and **spellings**.

Your is a **possessive pronoun** meaning **belonging to you**. Use **your** to show **ownership**.

Ask **your** sister. → The sister **belonging to you**.

Your shoes are dirty. → The shoes **belonging to you**.

I found **your** wallet. → The wallet **belonging to you**.

You're is a **contraction** of the words **you** and **are**.

You're a good singer. → **You are** a good singer.

I know **you're** happy. → I know **you are** happy.

I hope **you're** winning. → I hope **you are** winning.

To make sure you have used **you're** correctly, try replacing **you're** with **you are** in the sentence. If **you are** does **not** sound right, then use **your**.

Its is a **possessive pronoun** meaning **belonging to it**. Use **its** to show **ownership**.

He likes **its** color. → The color **belonging to it**.

What is **its** name? → The name **belonging to it**.

Its leash is long. → The leash **belonging to it**.

It's is a **contraction** of the words **it** and **is** or **it** and **has**.

It's not empty. → **It is** not empty.

It's been a long trail. → **It has** been a long trail.

I think **it's** a bird. → I think **it is** a bird.

To make sure you have used **it's** correctly, try replacing **it's** with **it is** or **it has** in the sentence. If **it is** or **it has** does **not** sound right, then use **its**.

Whose is the **possessive form** of the pronoun **who**. Use **whose** to show **ownership**.

Whose coat is this? → **Who owns** the coat?

Whose dog barked? → **Who owns** the dog?

Whose radio broke? → **Who owns** the radio?

Who's is a **contraction** of the words **who** and **is** or **who** and **has**.

Who's using the stove? → **Who is** using the stove?

Who's at the door? → **Who is** at the door?

Who's been here? → **Who has** been here?

To make sure you have used **who's** correctly, try replacing **who's** with **who is** or **who has** in the sentence. If **who is** or **who has** does **not** sound right, then use **whose**.

9.10 Confusing Words 2

The sets of words **their/there/they're** and **to/too/two** are also easily confused. They **sound alike** but have **different meanings** and **spellings**.

Their is a **possessive pronoun** meaning **belonging to them**. Use **their** to show **possession**.

Is **their** car new? → The car **belonging to them**.

Their dog is friendly. → The dog **belonging to them**.

There is a word used to tell **where**. **There** is often used to **begin** a **sentence**.

Put the box **there**. → **There** tells **where** in this sentence.

There is a storm coming. → **There** begins this sentence.

They're is a **contraction** of the words **they** and **are**.

They're always late. → **They are** always late.

They're outside. → **They are** outside.

To make sure you have used **they're** correctly, try replacing **they're** with **they are** in the sentence. If **they are** does **not** sound right, then use **their** or **there** depending on the meaning of the sentence.

To is a **preposition** that is used at the beginning of a **prepositional phrase** to mean **toward**. **To** is also used to begin an **infinitive**.

He drove **to** Iowa. → **To** means **toward** in this instance.

I need **to** <u>eat</u>. → **To** begins an **infinitive** in this sentence.

Too is an **adverb** used to mean **also** or **very**.

She saw me, **too**. → **Too** means **also** in this sentence.

Joe is **too** shy. → **Too** means **very** in this sentence.

Two is a **number**.

Mike has **two** cymbals.

In **two** days they leave.

9.11 Prefixes

A **prefix** is a group of letters added to the beginning of a word to form a new word. **Prefixes** usually change the meaning of the base word.

The spelling of the base word remains the same when a **prefix** is added.

Some common **prefixes** are **dis-**, **im-**, **in-**, **mis-**, **pre-**, **re-**, and **un-**.

The prefix **dis-** means **not** or the **opposite of**.

dis + honest = **dis**honest = **the opposite of** honest

dis + satisfied = **dis**satisfied = **not** satisfied

disagreeable = not agreeable   **dis**like = not like

disrespectful = not respectful   **dis**obey = not obey

displeased = not pleased   **dis**loyal = not loyal

The prefix **im-** means **not**.

im + perfect = **im**perfect = **not** perfect

im + polite = **im**polite = **not** polite

immature = not mature

impersonal = not personal

impossible = not possible

impatient = not patient

improper = not proper

immobile = not mobile

The prefix **in-** means **not**.

in + visible = **in**visible = **not** visible

in + effective = **in**effective = **not** effective

incapable = not capable

independent = not dependent

inexpensive = not expensive

inactive = not active

incorrect = not correct

indirect = not direct

The prefix **mis-** means **wrongly** or **incorrectly**.

mis + behave = **mis**behave = behave **incorrectly**

mis + interpret = **mis**interpret = interpret **wrongly**

misjudge = judge incorrectly

misread = read incorrectly

misspell = spell incorrectly

misused = used wrongly

mislead = lead wrongly

mistreat = treat wrongly

The prefix **pre-** means **before**.

pre + arrange = **pre**arrange = arrange **before**

pre + paid = **pre**paid = paid **before**

prejudge = judge before   **pre**cook = cook before

preview = view before   **pre**plan = plan before

preshrunk = shrunk before   **pre**heat = heat before

The prefix **re-** means **back** or **again**.

re + count = **re**count = count **again**

re + paid = **re**paid = paid **back**

reconsider = consider again   **re**call = call back

reenter = enter again   **re**bound = bound back

refinish = finish again   **re**name = name again

The prefix **un-** means **not**.

un + salted = **un**salted= **not** salted

un + kind = **un**kind = **not** kind

unharmed = not harmed   **un**safe = not safe

unlocked = not locked   **un**wise = not wise

uncertain = not certain   **un**happy = not happy

9.12 Suffixes

A **suffix** is a group of letters added to the end of a word to form a new word. **Suffixes** usually change the meaning of the base word.

Some common **suffixes** are **-able**, **-ful**, **-less**, **-y**, **-ous**, **-ish**, **-er**, and **-or**.

The suffix **-able** means **worthy of** or **able to**.

enjoy + **able** = enjoy**able** = able to enjoy

love + **able** = lov**able** = worthy of love

wash**able** = able to wash   reli**able** = able to rely

desir**able** = worthy of desire   bend**able** = able to bend

valu**able** = worthy of value   mov**able** = able to move

The suffix **-ful** means **full of** or **having**.

pain + **ful** = pain**ful** = full of pain

skill + **ful** = skill**ful** = having skill

beauti**ful** = having beauty   thank**ful** = full of thanks

wonder**ful** = full of wonder stress**ful** = having stress

grace**ful** = having grace   peace**ful** = full of peace

The suffix **-less** means **without**.

mercy + **less** = merci**less** = without mercy

speech + **less** = speech**less** = without speech

end**less** = without end   care**less** = without care

fear**less** = without fear   hope**less** = without hope

taste**less** = without taste   rest**less** = without rest

The suffix **-y** means **having** or **inclined to**.

shine + **y** = shin**y** = having shine

jump + **y** = jump**y** = inclined to jump

hair**y** = having hair   stick**y** = inclined to stick

storm**y** = inclined to storm   luck**y** = having luck

risk**y** = having risk   ic**y** = having ice

The suffix **-ous** means **full of** or **having**.

danger + **ous** = danger**ous** = full of danger

courage + **ous** = courage**ous** = having courage

hazard**ous** = full of hazard   zeal**ous** = full of zeal

mysteri**ous** = full of mystery   fam**ous** = having fame

ambiti**ous** = having ambition   glori**ous** = full of glory

The suffix **-ish** means **similar to, pertaining to,** or **somewhat**.

child + **ish** = childish = similar to a child

style + **ish** = stylish = pertaining to style

green**ish** = somewhat green   self**ish** = pertaining to self

slugg**ish** = pertaining to a slug girl**ish** = similar to a girl

baby**ish** = similar to a baby   redd**ish** = somewhat red

The suffixe **-er** means **one who** or **something that**.

design + **er** = design**er** = one who designs

record + **er** = record**er** = something that records

work**er** = one who works   sing**er** = one who sings

build**er** = one who builds   camp**er** = one who camps

toast**er** = something that toasts bak**er** = one who bakes

The suffix **-or** also means **one who** or **something that**.

govern + **or** = govern**or** = one who governs

connect + **or** = connect**or** = something that connects

collect**or** = one who collects   edit**or** = one who edits

inspect**or** = one who inspects   act**or** = one who acts

direct**or** = one who directs   sail**or** = one who sails

Chapter 9 Review - Part 1

Commas in Sentences

- Use **commas** after **introductory words**, **phrases**, or **clauses**.

- Use **commas** between **items** in a **series**. The items may be single words or groups of words. Do not use a comma after the last item in the series.

- Use **commas** to set off most **appositives** from the rest of the sentence. Do not use commas with an appositive when it is needed to identify the noun it follows.

- Use **commas** to set off **nouns of direct address** from the rest of the sentence.

- Use a **comma** before the **conjunction** that joins the two independent clauses of a **compound sentence**.

Other Punctuation in Sentences

- Use a **colon** between the **hour** and the **minute** in time.

- Use a **colon** before a **list** of **items**.

- Do **not** use a **colon** immediately **after** a **verb** or a **preposition**. Either leave out the colon or reword the sentence.

- Use a **hyphen** when it's necessary to divide a word at the end of a line. Always divide the word between syllables. Place the hyphen at the end of a syllable, then write the next part of the word on the following line. A

hyphen should only be placed at the end of the first line and not at the beginning of the second line.

- Use a **hyphen** to write out the names of **compound numbers** and **fractions**.

Capitalization - Capitalize **proper nouns**. A **proper noun** names a **particular** person, place, or thing. If a proper noun is more than one word, do **not** capitalize unimportant words such as **of** or **the**.

- Capitalize **abbreviations**, **initials**, and **titles** that are included with a **proper noun**.

- Capitalize **proper adjectives**. A **proper adjective** is formed from a **proper noun**.

- **Proper adjectives** are often used with **common nouns**. Do **not** capitalize the **common noun**.

- **Capitalize** the pronoun I.

Abbreviations - An **abbreviation** is a shortened form of a word or phrase. Most abbreviations **begin** with a **capital letter** an **end** with a **period**.

- Abbreviations for the **days** of the **week** and **months** begin with a capital letter and end with a **period**. The months **May**, **June**, and **July** are **rarely** abbreviated.

- Abbreviations for **geographical** terms **before** or **after** a **proper noun** begin with a **capital letter** and end with a **period**.

- Do **not** use **periods** when writing postal **abbreviations** of the **fifty states**, **Canadian provinces**, and **territories**. **Capitalize** both letters used for these **abbreviations**.
- Some **common nouns** such as **traditional measurements**, **clock times**, and various **calendar** items are **abbreviated**. These **abbreviations** are **followed** by a **period**, but they are **not capitalized**.
- The **abbreviations** of **metric measurements** are **not** followed by a **period**.
- The **abbreviations** for **time before noon** and **after noon** are written with either **capital** or **lowercase letters**, each letter **followed** by a **period**.

Titles - **Capitalize** the **first word**, the **last word**, and all **important words** in a **title**. Short words such as **a**, **an**, **and**, **the**, and **but** are **not** capitalized unless they are the **first** or **last word** in a **title**.
- Put **quotation marks** around the **titles** of **short stories**, **poems**, **newspaper stories**, **songs**, and **chapters** of a **book**.
- **Underline** the **titles** of **books**, **magazines**, **newspapers**, **plays**, **movies**, **television shows**, **paintings**, or **sculptures**. In **printed** materials these titles appear in **italics**.

Direct Quotations - Use **quotation marks** before and after a person's **exact words**.

- **Capitalize** the **first word** in a **quotation**, even if it is not the first word in the entire sentence.

- Use a **comma** to separate the **quotation** from the rest of the sentence. If the **quotation** comes **first** in the **sentence**, a **comma, exclamation mark**, or **question mark** is placed inside the **quotation marks**. A **period** is placed at the end of the **sentence**.

- If the **quotation** comes **last**, a **comma** is placed **before** the **quotation** and the **ending punctuation** is placed **inside** the **quotation marks**.

- If the **quotation** is **interrupted** by other words in the sentence, only use **quotation marks** around the person's **exact words**. The **direct quotation** is set apart from the sentence by **commas**. Use a **lowercase** letter to begin the second part of the **sentence**.

- Sometimes an **interrupted quotation** is actually **two sentences**. Place a **period** after the first sentence. Use a **capital letter** to begin the new sentence.

Chapter 9 Review - Part 2

Synonyms and Antonyms - A **synonym** is a word that has **nearly** the **same meaning** as another word. An **antonym** is a word that means the **opposite** of another word.

Homophones, Homographs, and Heteronyms - **Homophones** are words that have the **same pronunciation** but have **different meanings** and are **spelled differently**. **Homographs** are words that have the **same spelling** and **pronunciation** but **different meanings**. **Heteronyms** are types of homographs that have the **same spelling** but **different meanings** and **different pronunciations**.

Confusing Words 1 - **Your** is a **possessive pronoun** meaning **belonging to you**. Use **your** to show **ownership**. **You're** is a **contraction** of the words **you** and **are**. To make sure you have used **you're** correctly, try replacing **you're** with **you are** in the sentence. If **you are** does **not** sound right, then use **your**.

  Its is a **possessive pronoun** meaning **belonging to it**. Use **its** to show **ownership**. **It's** is a **contraction** of the words **it** and **is** or **it** and **has**. To make sure you have used **it's** correctly, try replacing **it's** with **it is** or **it has** in the sentence. If **it is** or **it has** does **not** sound right, then use **its**.

Whose is the **possessive form** of the pronoun **who**. Use **whose** to show **ownership**. **Who's** is a **contraction** of the words **who** and **is** or **who** and **has**. To make sure you have used **who's** correctly, try replacing **who's** with **who is** or **who has** in the sentence. If **who is** or **who has** does **not** sound right, then use **whose**.

<u>**Confusing Words 2**</u> - **Their** is a **possessive pronoun** meaning **belonging to them**. Use **their** to show **possession**. **There** is a word used to tell **where**. **There** is often used to **begin** a **sentence**. **They're** is a **contraction** of the words **they** and **are**. To make sure you have used **they're** correctly, try replacing **they're** with **they are** in the sentence. If **they are** does **not** sound right, then use **their** or **there** depending on the meaning of the sentence.

To is a **preposition** that is used at the beginning of a **prepositional phrase** to mean **toward**. **To** is also used to begin an **infinitive**. **Too** is an **adverb** used to mean **also** or **very**. **Two** is a **number**.

<u>**Prefixes**</u> - A **prefix** is a group of letters added to the beginning of a word to form a new word. **Prefixes** usually

change the meaning of the base word. The spelling of the base word remains the same when a **prefix** is added.

- The prefix **dis-** means **not** or the **opposite of**.
- The prefix **im-** means **not**.
- The prefix **in-** means **not**.
- The prefix **mis-** means **wrongly** or **incorrectly**.
- The prefix **pre-** means **before**.
- The prefix **re-** means **back** or **again**.
- The prefix **un-** means **not**.

<u>**Suffixes**</u> - A **suffix** is a group of letters added to the end of a word to form a new word. **Suffixes** usually change the meaning of the base word.

- The suffix **-able** means **worthy of** or **able to**.
- The suffix **-ful** means **full of** or **having**.
- The suffix **-less** means **without**.
- The suffix **-y** means **having** or **inclined to**.
- The suffix **-ous** means **full of** or **having**.
- The suffix **-ish** means **similar to**, **pertaining to**, or **somewhat**.
- The suffix **-or** means **one who** or **something that**.
- The suffixe **-er** means **one who** or **something that**.